销售与口才

SALES AND ELOQUENCE

萧杰◎著

天津出版传媒集团

天津科学技术出版社

图书在版编目（CIP）数据

销售与口才 / 萧杰著. -- 天津：天津科学技术出版社，2019.11

ISBN 978-7-5576-6815-0

Ⅰ.①销… Ⅱ.①萧… Ⅲ.①销售－口才学 Ⅳ.①F713.3②H019

中国版本图书馆CIP数据核字(2019)第135603号

销售与口才

XIAOSHOU YU KOUCAI

责任编辑：布亚楠

出　　版：	天津出版传媒集团 天津科学技术出版社
地　　址：	天津市西康路35号
邮　　编：	300051
电　　话：	(022) 23332695
网　　址：	www.tjkjcbs.com.cn
发　　行：	新华书店经销
印　　刷：	凯德印刷（天津）有限公司

开本 880×1230　1/32　印张6　字数 110 000
2019年11月第1版第1次印刷
定价：39.80元

前言
PREFACE

销售是什么？简而言之，销售就是通过说服客户来达成交易。销售工作可谓是竞争极强的职业，各行业无数领军人物都是做销售的一把好手，比如，世界巨富比尔·盖茨、世界"汽车销售大王"乔·吉拉德、日本保险业"推销之神"原一平等。正可谓，成功者，必善销售！

当下，随着经济的发展，人们对生活品质的要求越来越高，购买一件产品的时候，人们不仅会考虑产品的价格和实用价值，而且会考虑产品给自己带来的附加价值，如良好的购物体验、个人价值的展现等。也就是说，客户变得越来越精明，销售工作越来越具有挑战性。

在销售工作中，你会面临诸多问题。客户说"我不了解你的产品"，你会怎么介绍？客户说"货比三家以后再决定"，你该怎么办？客户拒绝了，你又该怎么办？……

如何成功地说服客户，让客户不再犹豫地立即签单？如何帮客户下定购买的决心？这一切看起来很难，但其实并不难，关键就在于你是否拥有好口才。

销售人员一旦具备了一流的口才，就能够顺利地约见到客户，争取到向对方销售的机会；就能够迅速地吸引客户的注意力、引起对方的兴趣，从而打开销售工作的局面；就能够一步步地激起客户的购买欲望，并最终说服对方做出最后的购买决定；就能够妥当地处理好售后工作以及对老客户的维系工作。

可以说，口才的影响力会伴随着销售工作的整个过程。可以毫不夸张地说，销售的成功在很大程度上可以归结为销售人员对口才的合理运用与发挥。

为了帮助销售员逐渐提升自身的业务水平，我们精心编写了本书。本书结合大量销售的实际事例，为即将进入或正在从事销售工作的朋友逐一解密销售高手说话、谈判的妙招，并提供了切实可行的具体方法，指导大家如何恰当、灵活地运用这些妙招，进而掌握高超的销售口才技能。

相信无论是急切地渴望了解销售工作的职场新人，还是已经在销售行业摸爬滚打多年的职场老人，都能从本书中得到有益于工作的知识和启发。通过一段时间的练习，相信每个人的销售能力都能得到一定程度的提高。

最后，希望每一位销售从业者不要轻言放弃，在销售之路上收获成功，赢得财富，做销售中的领军人物；也希望本书陪你走过"雄关漫道"，见证你的辉煌，成为你忠实的朋友！

目录
CONTENTS

第一章 好口才+有态度，会说才干得好销售

礼貌用语，是做销售的基本要求　　002

说热情的话，感动每一位客户　　005

你待客户真诚，客户就会给你惊喜　　009

没有什么比尊重更能获得客户信任　　012

担当的态度，是好业绩的资本　　015

第二章 一个精彩的开场，60秒就足以抓住客户的心

说好第一句话，让客户喜欢你　　020

初次见面，少谈产品多聊聊感情　　024

会寒暄，才能架起沟通的桥梁　　028

会见老客户，问候也要保持十分热度　　032

说有趣的话，让客户敞开心扉　　036

第三章 专业的介绍，客户会更信任你的产品

精心展示产品，客户才会"一见钟情" 040
描绘产品体验，让客户心动 044
认清客户需求，才能说服客户购买 048
用数据说话，证明产品的质量 052
适当说缺陷，有助于赢得客户信赖 056

第四章 人人都爱听好话，赞美能拉近与客户的距离

赞美，是客户耳边最动听的声音 062
随声附和，满足客户自尊才能获得好感 066
请教式赞美，用虚荣心俘获客户 069
内容够新鲜，赞美才能说到客户心里去 072
赞美，不同对象要区别对待 076

第五章 多谈价值，别让成交止于讨价还价

预留价格空间，给自己一条退路 080
拆分报价，降低客户对价格的敏感度 085
价格谈判，先摸清客户底线 088
面对讨价还价，多和客户说说产品优势 091
零风险承诺，让客户安安心心买单 095

第六章 善于听客户说，无声说服也可以胜有声

没有人喜欢喋喋不休的销售员　　　　　　100

专注倾听，给客户话语权是一种尊重　　　104

从倾听中捕捉隐藏的商机　　　　　　　　108

不打断、不插嘴，客户才会喜欢你　　　　111

适当地回应，让倾听更有效率　　　　　　115

第七章 客户有顾虑，耐心解说才会收获诚心

面对质量质疑，不妨拿品牌说事　　　　　120

介绍产品的流行元素，甩掉过时的帽子　　123

从品牌内涵说起，建立客户的认可度　　　126

担心档次不够高，多说产品的与众不同之处　128

担心售后差，给出具体措施让客户安心　　130

第八章 被拒绝是常事，懂得说服，成交就不是难事

客户说"没时间"，你要怎么办　　　　　134

客户说"做不了主"，你该找谁　　　　　138

客户说"去别家看看"，如何进行挽留　　142

棘手问题，说服要求同存异　　　　　　　146

及时转移话题，化解争议，成交才有可能　150

第九章 巧妙应对投诉，给客户一个满意的答复

了解投诉原因，给客户最合理的解释　　154

善用提问，"问"出客户投诉的真正意图　　157

微笑，缓解紧张氛围的催化剂　　159

在正确的时间解释，才能真正让客户信服　　162

处理投诉时必须注意的沟通行为　　165

第十章 当心祸从口出，销售话术也有"雷区"

沟通要愉快，请记住8条忌语　　168

不揭短，给足客户面子赢单子　　172

诋毁竞争对手，就等于抽自己的脸　　175

生意不成就做朋友，切忌嘴不饶人　　179

第一章

好口才+有态度，会说才干得好销售

对销售员来说，良好的口才是做好销售的最基本要求。一个好的态度同样占据十分重要的位置。在沟通的过程中，礼貌、热情、尊重等是十分重要的，因为如果你态度恶劣，就很难有与客户交流的机会。如果连沟通的基础都不存在，那么你如何去说服客户呢？

礼貌用语，是做销售的基本要求

礼貌待客是销售员应该遵循的行为规范之一。在与客户交流的过程中，销售员只有善用礼貌，让客户感觉身心愉悦，才能做好自己的工作。

某房产中介办公室的电话铃响起，一名销售员接起电话。

销售员：您好！有啥事？说！

客户：我刚刚通过你们租了一套房子，可是房门的锁是坏的！

销售员：怎么坏了？是打不开还是锁不上？

客户：打不开，我到现在都没能进到房子里去。

销售员：不会吧！我们经常带人去看房子，钥匙都没有问题的！

客户：我已经试了好久了，可就是打不开。不然，你们过来个人看看？

销售员：没啥好看的，您多试几次呗。不行把钥匙拔下来再重新插上去试试。

客户：能想的办法我都已经想了，就是打不开啊！

销售员：您得慢慢试，别着急。就算我们过去也没有什么好办法啊！

客户：你这是什么态度啊！懂不懂什么叫礼貌服务？你的工号是多少？小心我投诉你！

销售员：您别生气啊！我马上去找租房的同事让他去帮您。

某服装品牌售后服务部门的电话铃响起，一名销售员接起电话。

销售员：您好！请问有什么可以帮助您的？

客户：我昨天刚买了你们公司生产的一件衣服，洗完之后发现衣服有些掉颜色。

销售员：我们的产品引起了您的担忧，首先向您表示歉意。关于衣服掉颜色的问题，其实是一种正常现象，您再洗几次应该就不会出现这种问题了。我们公司的衣服都是使用植物染料进行染色的，安全、健康，不会伤害您的肌肤。

客户：哦，这样啊，那我就放心了。可是我还有一个问题，这件衣服好像有些缩水啊，会不会越洗越小？

销售员：缩水的问题您也不必过于担心，头一次洗涤多多少少会出现一点缩水的情况，肯定不会一直缩下去的。如果真的出现这种情况，我们可以为您免费更换。这一点请您放心，我们对质量的要求是很高的。

客户：好，那就好。

销售员：请问还有什么可以帮助您的？

客户：没有了，谢谢你啊！听你解释之后，我心里踏实多了。

销售员：您不用客气！这是我应该做的。让客户满意不仅是我们的服务宗旨，而且是我们不断前进的动力。还得谢谢您给我们提出问题，让我们发现自己的不足。欢迎您下次致电！

客户：嗯，好的。拜拜！

销售员：拜拜！

通过上述两个案例，我们不难发现两名销售员在礼貌用语方面有着很大的差距。案例1中的销售员语言粗鲁、随意，很容易让客户产生被轻视的感觉，引起客户投诉就是情理之中的事情了。案例2中的销售员，善于使用礼貌语言，给客户带来如沐春风之感，因此赢得了客户的认同和信任，客服工作圆满成功。

在与客户进行沟通的时候，礼貌的态度是不可或缺的。销售员对客户的礼貌表现，可以体现出客户的地位和重要性。合理而正确的礼貌用语，可以凸显较高的服务品质，给客户留下良好的印象，进而加深客户与销售员之间的感情，令销售员的工作价值得到进一步的提升。

说热情的话，感动每一位客户

对销售员来说，热情的态度不仅能够展现自己的活力，而且是赢得客户的有效手段。热情地对待每一位潜在客户，说不定就能收到意想不到的效果。

一天，大雨倾盆，某电子商城的手机销售厅内，进来很多躲雨的人。其中有一位老人，有些窘迫不安地走进了一家手机专卖店。一位店员注意到了这位老人，认为她是来避雨的，所以对她有些爱答不理。

老人：请问，你们店里有没有热水？

店员：很抱歉，我们的热水都是为顾客准备的，并没有为像您这样的路人额外准备。

老人：哦，我就是想买手机才进来的。只是衣服被雨淋湿了，我有点冷，所以想喝点热水。

店员：这样啊，那您想买什么样的手机呢？我们出售的都是智能手机，恐怕没有适合您用的老年机。

老人：我没想买老年机，就想买个智能手机。能不能先帮我倒杯热水？

店员：好吧，您稍等。我去给您倒水。

老人：谢谢啊！

（片刻之后，店员端着水杯走到老人面前）

店员：这是热水，您注意点，别烫着。

老人：谢谢！你帮我介绍几款智能手机吧，我也不知道哪种好。

店员：您想要什么价位的？

老人：我也不知道多少钱的手机才好啊。

店员：那您都需要什么功能？

老人：我也不知道需要什么功能。

店员：您什么都不知道，我怎么给您介绍呢？您还是回家想想具体有什么需求，然后再来吧！

老人无奈地从那家手机专卖店走出来，脸上的窘迫更加明显了。另一家手机专卖店的店员看到了老人，于是主动走到了老人面前。

店员：阿姨，看您的样子是被雨淋了吧！来，到我们店里坐坐，我给您倒杯热水喝。

老人：不用麻烦了，我刚刚喝过了。

店员：这有什么麻烦的，您端着热水焐焐手也好啊！

（店员边说边将老人请到了店里，给她拿了凳子让她坐，并端来一杯热水）

老人：谢谢你啊！你真热心！

店员：没什么，您这岁数和我妈差不了多少，要是我妈被雨淋了，我希望也有人能给她一杯热水。

老人：你真是个善良的孩子。你们店里也有智能手机吗？

店员：有啊，怎么，您想买部手机？要不我给您介绍几款现在卖得比较好的手机？

老人：好啊，我在之前那家手机店已经问过了，不过我什么都不懂，人家不愿意给我介绍。

店员：不懂没关系，我跟您说说，您就懂了。

老人：好啊好啊，我心里还一直担心惹人烦呢！岁数大了，对手机了解得太少了。

店员：您这个岁数啊，应该用屏幕大一点的，这样看字清楚。我给您介绍几款适合老人用的手机，怎么样？

老人：我不是买给自己用的，我孙子上高中了，我想买部手机给他用，可是又不知道现在的年轻人喜欢什么样的，害怕买不好。

店员：这样啊，刚上高中，给孩子买手机主要是为了让他和家里联系，所以功能不需要太多。您觉得呢？

老人：嗯，我就是想万一我想孙子的话，可以给他打电话，听听他的声音。可是也不能太差吧，不然和他的同学比起来，他会不会觉得低人一头啊？

店员：这个您想的也对，有些孩子喜欢攀比，但是咱们也不能什么都顺着孩子，跟别人的差不多就行了，没必要非得要最高级的。您说呢？

老人：嗯，我觉得行。

店员：那就这一款吧，价格合适，功能也足够。您先买回去，如果您孙子不喜欢，您可以带着他过来换。

老人：好，就要这部。谢谢你啊！

店员：您不用客气，这都是我应该做的。欢迎您下次光顾！

老人：嗯，下次再买手机，我还找你！

面对同一顾客，案例1和案例2中的两位店员的热情程度有着很大的差异，这也导致两个人的服务效果迥然不同。销售员应该像案例2中的店员那样，以饱满的热情去迎接每一个人，即便对方不是自己的顾客，也可以用热情去感染对方，让他从潜在客户变成忠实客户，进而不断提升自己的销售量，实现更多的个人价值。

一些销售员往往会犯这样的错误：只以饱满的热情去接待自己的客户，而不愿在那些不太可能成为客户的人身上浪费自己的热情。实际上，如果我们能以热情的态度去对待那些尚不是客户的人，则他们很难不被感动，毕竟，他们看到我们对"陌生"的他们都充满热情，也就不难想象我们对自己的客户是一种什么样的态度了。

你待客户真诚,客户就会给你惊喜

诚信是一个人的立身之本,对销售员来说,想要在职场中赢得一席之地,诚信是必不可少的美德之一。以诚信对待客户,销售员才能真正赢得客户的心。

小李是某电视生产厂商的客服工作人员,客户购买电视之后,她要负责与客户联系,确定送货及安装时间。一天,她与一位客户进行联系。

小李:您好!请问您是××先生吗?

客户:是的,我是。

小李:这里是××公司客户服务部,您之前购买了一台××型号的电视机,我想跟您确认一下送货和安装时间。

客户:就按照我买电视时约定的时间就可以了,来之前请给我打个电话。

小李:好的,那就安排后天上午给您送货和安装了。

客户:嗯,没问题。

（挂断电话之后，安装人员反映后天上午已经安排满了，最早也得下午才能为××先生安装。小李得到反馈之后，立刻又给××先生打了一个电话）

小李：您好！××先生。我是××公司客户服务部的小李，之前给您打过电话，约定送货和安装时间。现在情况有了一些变化，得向您说明一下。

客户：怎么回事？

小李：我们的安装人员反映，后天上午的工作已经排满了，到您家的时候应该是下午了。实在是对不起！给您添麻烦了！

客户：你们这变化也太快了，刚刚还说上午呢，怎么一会儿的工夫又改成下午了？

小李：实在抱歉！最近业务比较多，安装人员也在加班加点地工作。这样吧，我跟安装人员说一下，让他们尽量上午过去，如果上午实在忙不完，则下午也一定去您家进行安装。您看怎么样？

客户：好吧，也只能这样了。对了，送货的时间有变化吗？

小李：送货和安装属于两个不同的部门，所以送货时间不会受到影响，依然是上午。

客户：好的，我知道了。

小李：再次向您道歉！给您添麻烦了！

客户：没事，后天能来就行，你的电话还是很及时的，服务态度不错。

我们从客户的反馈不难看出，小李开诚布公地向客户解释无法按时展开工作的具体原因，获得了客户的谅解。

对销售员来说，诚实地与客户沟通，及时地反馈可能出现的问题，可以让客户掌握关于产品和服务的动态，这会给他们更多的确定性和安全感。在这种情况下，客户通常不会对销售员产生反感，也就很少出现投诉之类的事情。相反，一旦客户发现销售员失信，之前建立的信任感就会消失，这对于销售员展开工作是极为不利的。

没有什么比尊重更能获得客户信任

对客户的尊重,需要具有一贯性。如果在客户购买产品之前对其尊重有加,在产品卖出之后却对其爱答不理,销售员就很难维护自己的客户关系的。

董强刚买不久的笔记本电脑坏了,于是他拿到该品牌的售后服务处去维修。他走进大门的时候,只看到前台的销售员正坐在电脑前哈哈大笑,好像是在和别人聊天。眼见并没人接待自己,董强只好走到了前台。

董强:你好,我的电脑坏了,需要修理一下。

(销售员似乎没有听到,注意力依然集中在自己的电脑上)

董强:你好,我来修理一下电脑。

销售员:哦,好,等我忙完手头的事情,就来处理您的问题。

董强:嗯,好吧!

(十分钟之后,销售员递给董强一张单子)

销售员:把维修单填一下吧!

董强：我都需要填写哪些内容呢？

销售员：上面写着呢，您照着要求填就行了。

（董强认真地填完了维修单，却不知道接下来应该做什么）

董强：服务员，单子填完了，应该交给谁？

销售员：您就放在那边的桌子上就行了，然后把电脑交给我。

董强：哦，好。估计什么时候能修好呢？

销售员：这个不好说，您回去等电话就是了。

（董强放下电脑，失望地摇了摇头，从此再也不买这个品牌的东西了）

赵磊新买的平板电脑出了问题，于是拿到售后服务处去维修。他刚刚走进大门，就有销售员迎了上来。

销售员：您好！先生！欢迎光临！有什么可以帮助您的？

赵磊：你好，我的平板电脑有点问题，我想检修一下。

销售员：哦，好的，您先请坐。我帮您拿张维修单填写一下。

赵磊：好，谢谢！

（销售员很快就拿来一张维修单放到赵磊面前的桌子上，自己则在赵磊身旁坐了下来）

销售员：您照着维修单上的要求填写就行了，如果有不明白的地方，您随时可以问我。

赵磊：好的，我填填看。

（几分钟之后，赵磊填好了维修单）

赵磊：我填好了，你看看有没有不完整的地方。

销售员：好的，我看一下。嗯，维修单填得很完整。

赵磊：那我应该把维修单交给谁呢？

销售员：这个您就不用操心了，等一下我会帮您交上去的。还有，您的平板电脑交给我就行了，等下我帮您收起来。

赵磊：哦，好的。真是太感谢你了！

销售员：不用客气，这是我应该做的。拿好您的回执单，等修好了我会联系您的，到时您拿着回执单来取平板电脑就可以了。

赵磊：那好，再见！

销售员：再见！很高兴为您服务！

上述两个案例中，销售员对客户的态度截然不同，这使得客户对他们产生了完全不同的印象和评价。案例1中的销售员眼中根本没有客户，只沉迷于自己的电脑之中。这种服务态度，势必让客户感到深深的失望，客户流失也就成了正常现象。案例2中的销售员则充分表现了自己对客户的尊重，时时处处从客户的需求出发，努力为客户提供最好的服务。当客户体验到被尊重的感觉时，他自然会对销售员另眼相看。

对客户的尊重是销售员应该具备的重要态度之一，它对销售员来说具有十分重要和现实的意义。尊重客户，销售员才能赢得客户的好感，才能赢得客户对自己的尊重。在地位平等的情况下，销售员往往可以更加自如地展现自己的能力，更好地完成自己的工作。

担当的态度,是好业绩的资本

为客户解决问题,是销售工作的核心内容之一。销售员在面对客户提出的问题甚至质疑时,应该采取谨慎而负责的态度,努力为客户找到问题的根源所在。

丽丽在超市买了一件衣服,回家之后才发现衣服上有一个小洞,于是到超市的服务台要求退货。

丽丽:这件衣服质量有问题,你帮我退了吧!
销售员:什么质量问题?我看一下。
丽丽:你看,这里有个小洞。
销售员:您是什么时候买的呢?
丽丽:我是昨天买的,买的时候没注意,回家之后才发现的。
销售员:那很抱歉,恐怕没办法给您退了。
丽丽:为什么?
销售员:您已经拿回家了,现在无法确定是衣服本身有质量问题，还是人为损坏造成的破洞。

丽丽：你这是什么意思？难道是我故意弄坏的？

销售员：我不是这个意思，也可能是之前就有质量问题，只是现在无法确定具体的原因，所以没法给您退货。

丽丽：你们就是这种服务态度吗？

销售员：我确实是没办法。您买衣服的时候怎么没仔细看一下呢？不然您打厂家的电话问一下吧，看看厂家能不能给您退。

丽丽：算了，算了，不就一件衣服吗？大不了扔了，以后再也不来你们这里了！

赵蕊到外地游玩，准备带些特产回家，于是走进一家超市。她将背包寄存在储物柜里，买完特产之后却发现放背包的柜门打开了，于是气冲冲地到服务中心投诉。

赵蕊：你们超市的安全工作做得太差劲了！只知道赚钱，却不知道保护消费者的权益！

销售员：您先别着急，有什么事情您慢慢说，如果我们的工作真的有问题，我们会努力改进的。

赵蕊：改进？我的背包丢了，你们得赔偿给我！

销售员：您的背包丢了？发生这样的事情实在是太不应该了。请您告诉我，您的背包是在哪里丢的？我们好争取帮您找回来。

赵蕊：就是在你们的储物柜丢的！我把背包存在储物柜里，买完东西去取包的时候，却发现柜门大开着，我的包已经不翼而飞了。

销售员：放在储物柜里丢的？那就更不应该了！您先别着急！咱们一起去现场看一下。如果是我们的责任，我们一定会赔偿您的损失的。

赵蕊：好，咱们走！

（赵蕊和销售员一起来到储物柜处）

赵蕊：你看，那就是我用的柜子，现在还开着呢！

（销售员走到柜门前，柜子里果然空空如也）

销售员：还真的没有东西。您能不能告诉我您柜子的编号是多少？

赵蕊：就是这个啊！58号！

销售员：那是A组还是B组呢？

赵蕊：啊？还分A组和B组呢？

销售员：是啊，这个柜子是B组58号，您的号码牌是多少？

（赵蕊看了一眼自己的号码牌，发现上面写的是A组58号，脸顿时红了起来）

赵蕊：我第一次到这里来，没想到有两组柜子，我的号码牌是A组58号，不好意思啊！

销售员：没关系，谁还不犯点错误呢！您赶紧打开柜子看看您的背包在不在。

（赵蕊打开柜子，发现自己的背包好好地躺在里面）

赵蕊：在呢，在呢，真是不好意思！误会你们了。

销售员：没关系！背包没丢就好。欢迎您下次光临！

赵蕊：我这么误会你，你都没有任何怨言，下次我一定还来！

在案例1中，面对丽丽反映的问题，销售员并没有积极承担起自己应负的责任，为丽丽寻找解决问题的办法，而是将责任推到丽丽身上，让丽丽自己承担衣服的质量问题，这难免会引起丽丽的不满。销售员的做法，不仅将丽丽推出了超市的大门，而且失去了丽丽身边的顾客群体。

在案例2中，销售员对待赵蕊的方式则迥然不同，尽管是赵蕊误解在先，超市几乎没有任何责任，可是销售员依然尽职尽责地帮助赵蕊找到了她的背包。这个销售员是优秀的，她的做法让赵蕊深受感动，由此将赵蕊变成一个忠诚度很高的消费者。

对销售员来说，在接到客户的投诉或是遇到客户反映问题时，推卸责任是一种十分忌讳的做法。无论是不是应该承担责任，或是应该承担多少责任，销售员都应该表现出勇于担当的态度，给客户一种有望解决问题的感受，这有助于双方顺利解决问题，对销售员完成工作具有积极的意义。

第二章

▽

一个精彩的开场，60秒就足以抓住客户的心

▽
▽

有了好的开场白，销售就成功了一半。销售员的第一句话，往往是客户最有耐心听的。如果销售员一开口就让客户反感，那么，他们只会被客户尽快打发走。因此，销售员要说好开场白，才能迅速抓住客户的注意力，并保证销售访问能顺利进行下去。

说好第一句话，让客户喜欢你

对一个销售员来说，学习一些常用的搭讪客户的方法是十分必要的。俗话说："好的开始等于成功的一半。"与客户搭讪的第一句话很可能决定了我们是否能够得到客户的喜欢与信任，所以一定要说好。只有说好开场白，我们才能成功地引起客户谈话的兴趣，从而保证销售能顺利地进行下去。

销售员小王如约来到客户的办公室，见到客户微笑地说："李总，您好！看您这么忙还抽出宝贵的时间来接待我，真是非常感谢啊！"

"李总，看您这办公室装修得虽然简洁却很有品位，可以想象得到您肯定是个非常干练的人！"

"这是我的名片，请您多多指教！"

"李总以前接触过我们公司吗？"

"我们公司目前是国内最大的为客户提供个性化办公方案服务的公司。我们了解到，现在的企业不但关注提升市场的占有率和利润空间，而且还关注怎样节省管理成本。考虑到您是企业的负责人,相信您一定对怎样最合理地配置您的办公设备、节省成本很关注。所以今天来这儿是想和您简单地交流一下,看看是否有什么我们公司能协助的。"

"请问,贵公司目前正在使用哪个品牌的办公设备呢?"

只见李总面带微笑,详细地和小王交谈了起来。

开场白要达到的目标就是吸引客户的注意力,引起对方的兴趣,使其愿意和我们继续交谈下去。例子中的小王就是通过很好的开场白吸引了客户,从而向促成销售迈进了一步。

那么,销售人员怎样才能通过短短的几句话就成功地吸引客户的注意力呢?下面,我就给大家介绍几种常用的技巧。

1. 激发好奇心

心理学研究证明,好奇心是人类行为的基本动机之一。作为销售人员,我们可以借助人人皆有的好奇心来激发客户的兴趣,引起客户的注意。比如,我们可以先制造神秘气氛,引起客户的好奇,然后在解答疑问时,有技巧地把自己的产品介绍给客户。

当然,我们也大可不必就这样直接说到自己的产品,而是可以单纯地与客户聊一些他感兴趣的话题。

2. 借助调查

这种方法就是利用调查的机会搭讪客户,它隐藏了销售这一目的,是在实际中很容易操作的方法。例如,我们可以说:"小姐您好！可以打扰您几分钟吗？我是××公司的美容顾问，我想请您帮忙做个问卷调查，回答问卷上以下几个问题。"

"（1）您经常感到皮肤干燥发涩吗？"

"（2）您是否觉得自己很累呢？"

……

"如果您有机会学习改善以上问题的方法，您愿意抽出1～1.5个小时的时间吗？"

如果客户愿意，我们就可以这样说："非常感谢您的合作。为了表示对您的感谢，我想赠送您一堂免费的美容课，课上我会教您如何正确地保养皮肤，您还可以免费试用我们的产品。您看，这个星期什么时候比较方便？"

如果客户不愿意，则我们可以这样说："非常感谢您的合作。为了表示感谢，以后我会定期寄一些本公司有关皮肤保养和产品介绍的小册子给您，您是否愿意把地址和电话留给我呢？"

3. 提供有用的信息

对客户来说，有用的信息是比较有吸引力的。所以，我们向客户提供一些对他们有帮助的信息，如市场行情、新技术、新产品知识等，往往会引起他们的注意。比如，我们可以对客户说："我在某某刊物上看到一项新的技术发明，觉得对贵厂很有用。"

要做到这一点，销售员需要站在客户的立场上，为客户着想，多多阅读报刊，掌握市场动态，充实自己的知识，把自己训练成为所从事行业的专家。只要我们所提供的信息对客户是有帮助的，客户一定会耐心地听我们说下去。此外，我们这样做还表现出了对客户利益的关心，可获得客户的尊敬和好感。

4. 利益引导

客户通常只关心自己的利益。通俗地说，几乎所有的人都对钱感兴趣，省钱和赚钱的方法很容易引起客户的兴趣，所以我们可以一开始就将自己能带给客户的利益说出来。比如，我们可以说："马经理，我想告诉您一个能让贵公司节省一半电费的方法。""李总，我们的机器比您目前使用的机器速度快、耗电少、更精确，能大大降低生产成本。"

5. 借助引荐

通常，人们都有"不看僧面看佛面"的心理，所以，大多数客户都比较容易接受亲友介绍来的销售员。比如，我们可以说："田先生，您的好友彭总让我来找您，他认为您可能对我们的产品感兴趣，因为这些产品为他的公司带来了很多好处。"

需要注意的是，在使用这种方法时，我们千万不要自己杜撰，而应确有其人其事；否则，客户一旦"追查"起来，麻烦就大了。为了让客户相信我们，我们最好能出示引荐人的名片或介绍信。

初次见面，少谈产品多聊聊感情

在销售过程中，很多销售员满怀热情地去销售产品，常常是一开口就遭到了拒绝，大多数客户不是说没时间就是说对你的产品不感兴趣。之所以会遭遇这样的尴尬，或者是因为客户真的没有时间，或者是因为客户对销售抱有抵触心理。那么，我们如何避免一开口就遭到拒绝的尴尬呢？

既然客户强烈排斥销售，那么我们先不谈销售产品的事，先把客户的注意力从销售上转移开，争取客户的好感与信任后，再谈销售就会容易得多。

小张是一个卖电动拖把的销售员，每次上街，他都能把拖把全部卖掉，而他的客户竟然大部分是养狗人士。他是怎么做到的呢？

每当他走在街上，只要遇到遛狗的陌生人，他都会热情地走上前去搭讪："哎呀，这小狗真可爱！是纯种××吧？"

陌生人见他一脸欢喜、热情地夸赞自己的小狗，并且对狗又好像很了解似的，很快就没有了防备之心，并高兴地回答道："是啊，快一岁了。"

小张接着说："这小家伙的毛色真好，你肯定每天都给它打理吧？"

陌生人回答道："是啊，它就像是我的孩子，每天都需要操心。不过我也习惯了，没了它还真不行。"

小张顺着陌生人的话说："人确实不能太孤单了。有只小狗陪着，能帮助排遣孤寂，调节精神，这对健康是很有利的！"

听了小张的话，陌生人感觉很舒服，便不自觉地与他聊了起来。小张一看时机成熟了，就把话题引向了关键处，他说："掉毛的时候应该很烦心吧？"

陌生人说："是啊，掉毛的时候最麻烦，特别是那些小角落，总是拖不干净，还把人累得够呛！"

小张立刻抓住这个机会，说："哎呀，您要是使用那种能灵活转动的电动吸尘拖把，就能轻松地解决问题啦。"

"哦？你好像很了解啊。那你有什么好推荐的吗？"

"我这边有一款产品……"

就这样，小张巧妙地转换了话题，自然地销售起自己的产品来。可以说，他使用这一招屡试不爽，每次都能销售成功。

那么，小张是怎样轻易取得陌生客户的信任的呢？那就是：他把客户的兴趣与产品结合起来，用爱犬作为媒介和主人"搭上腔"，热情地聊些生活话题，以引起狗主人的共鸣，在聊天的过程中把对方引向"正轨"，最后达成目标。

许多成功的销售员的销售经验都证明了这一点：开始时，要想成功接近陌生人,就必须用一些陌生人能接受的话题"抛砖引玉",这是成功销售的最基本法则。

试想一下,如果话还未投机,你就开门见山地让对方买你的产品,那只会让对方觉得"你目的不纯",你就会让自己撞个头破血流。因此,第一次见面时,你要切记心急吃不了热豆腐,千万不要急急忙忙地把你的产品摆出来,而应该聊聊"家常",侃侃"大山",等到了火候再进入正题也不迟。

乔·库尔曼是美国的金牌保险销售员,他在29岁时就成了业绩一流的销售员。

有一次,乔·库尔曼想拜访一位叫罗斯的客户。这位客户平时非常忙,每个月至少要乘飞机飞行16万公里。库尔曼提前给罗斯打了个电话:"罗斯先生,我是人寿保险销售员,是理查德先生让我联系您的。我想拜访您,不知道可不可以?"

"是想销售保险吗?已经有很多保险公司的销售员找过我了,我不需要,况且我也没有时间。"

"我知道您很忙,但您能抽出10分钟吗?10分钟就够了,我保证不向您销售保险,只是跟您随便聊一聊。"

"那好吧,你明天下午4点钟过来吧。"

"谢谢您!我会准时到的。"

经过库尔曼的争取,罗斯终于同意了他拜访的请求。

第二天下午,库尔曼准时到了罗斯的办公室,他十分有礼貌地说:"您的时间非常宝贵,我将严格遵守10分钟的约定。"于是,库尔曼开始了尽可能简短的提问，让罗斯多说话。

10分钟很快就到了，库尔曼主动说："罗斯先生，10分钟时间到了，您看我得走了。"此时，罗斯先生谈兴正浓，便对库尔曼说："没关系，你再多待一会儿吧。"

就这样，谈话并没有结束，接下来，库尔曼在与罗斯先生的闲谈中又获得了很多对销售有用的信息，而罗斯先生也对库尔曼产生了好感。当库尔曼第三次拜访罗斯先生时，他顺利地拿下了这张保单。

总之，销售往往不是产品之战，而是"交心"之战，最高的境界就是不谈销售却能达到销售的目的。销售员见面不谈销售，不但能消除客户的警戒心理，避免自己的销售行为被扼杀在摇篮之中，还能了解更多的客户信息，赢得客户的好感。只有这样以静制动，销售员才能掌控主导权，从而为之后的成功销售铺好道路。

会寒暄，才能架起沟通的桥梁

日本的"推销之神"原一平曾经说过："寒暄是建立人际关系的基石，也是向对方表示关怀的一种行为。寒暄内容与方法得当与否，往往是一个人的人际关系好坏的关键，所以要特别重视。"可以说，寒暄是人际交谈的催化剂，它能够在彼此之间架起一座桥梁，满足人们的亲和心理。如果寒暄恰到好处，销售员就能够吸引客户的注意力，收到抓住人心的效果，特别是随着与客户谈话内容的深入，还能起到潜移默化的导引作用。

贝尔纳·拉迪埃是空中客车飞机制造公司的销售能手。当他被推荐到空中客车公司时，面临的第一项挑战就是向印度销售飞机。这是一件棘手的任务，因为这笔交易已由印度政府初审，未被批准，能否重新寻找到成功的机会，全看销售代表的谈判本领了。

作为销售代表，拉迪埃深知肩上的重任。他稍做准备就立刻飞赴新德里。接待他的是印度航空公司的主席拉尔少将。拉迪埃到印度后，见到他的谈判对手后说的第一句话是："正因为你，我有机会在我生日这一天又回到了我的出生地,谢谢你!"这句话一语中的,很有效果,迅速拉近了他和拉尔少将的距离,进而使他成功地销售出自己的飞机。

拉迪埃靠着娴熟的销售技巧,为空中客车公司创下了辉煌的业绩。仅1979年一年,他就开创了销售出230架飞机的纪录,为公司创造利润420亿法郎。这当中,应该说少不了他善于寒暄的功劳。

上例中"正因为你,我有机会在我生日这一天又回到了我的出生地,谢谢你!"是一句非常得体的开头语,它简明扼要,却蕴含着丰富的内容。它表达了好几层意思:那天是他的生日;印度是他的出生地;而能在生日当天这个值得纪念的日子回到自己的出生地完全得益于对方,因此,他感谢主人赐予的机会。这句话并不冗长,但简明扼要,自然拉近了拉迪埃与拉尔少将的距离。所以说,拉迪埃的印度之行取得成功也就不足为奇了。

寒暄是正式交谈的前奏,它的"调子"定得如何,直接影响着整个谈话的过程。因此,我们对寒暄绝不能轻而视之。那么,如何做好寒暄呢?具体需要注意以下三点。

1. 要有主动热情、诚实友善的态度

寒暄时选择合适的方式、合适的语句是很有必要的,但这还有赖于主动热情、诚实友善的态度。只有把这三者有机地结合起来,寒暄的目的才能达到。试想,当别人用冷冰冰的态度对你说"我很高兴见到你"时,你会有一种什么样的感觉呢?当别人用不屑一顾

的态度夸奖你"很精明能干"时,你又会做何感想呢?推己及人,我们寒暄时不能不注意态度。

2. 适可而止,因势利导

无论做什么事情都应该有个"度",寒暄也不例外。恰当适度的寒暄有利于打开谈话的局面,但千万不要没完没了、时间太长了。当然,如果对方有兴致聊则除外。有经验的销售员,总是善于从寒暄中找到契机,因势利导,言归正传。

3. 善于选择话题

寒暄时选择的话题也是有讲究的,销售员要注意话题的轻松性,话题的切入要自然。有了自然、轻松而得体的话题,再加上诚恳、热情的态度,销售中和谐的交谈气氛也就自然地创造出来了,这就为下一步的销售工作打下了良好的基础。

一般来说,在寒暄时可以选择下面的话题作为开头。

(1)天气。天气几乎是中外人士最常用的话题。天气对于生活的影响很大。天气很好时,双方不妨一同赞美;天气太热时,也不妨说出来交换彼此的苦恼。如果有什么台风、暴雨或者季节性流行病的消息,则我们更要拿出来谈谈,因为那是人人都关心的话题。

(2)自己闹过的一些无伤大雅的笑话。比如买东西上当、语言上的误会等。这一类的笑话,大部分人都爱听。开开自己的玩笑,不但能够博人一笑,还会让人觉得你为人随和,很容易相处。

(3)医疗保健。这也是人人都非常感兴趣的话题。比如著名的医生，对流行病的医疗护理，自己或亲友养病的经验，怎样可以延年益寿，怎样可以增强体质，怎样可以减肥，等等。这一类的话题可能纯粹就是一家之言，但它能吸引人的注意力，而且没有什么不好。尤其在遇到对方或其家人健康有问题的时候，假如你能提供有价值的意见，那他会非常感激你的。

（4）轰动一时的社会新闻。这也可以作为闲谈的资料。如果你有一些特有的新闻或特殊的意见和看法，你就足以把客户吸引住。

（5）家庭问题。家庭问题主要是指每个家庭里需要知道的各方面的知识，比如儿童教育、购物经验、夫妻相处、亲友间的交际应酬等，大多数人会对此产生兴趣，特别是家庭主妇们非常关心这类问题。

当然，除了上面几点外，还有许多可以作为闲谈的资料，比如运动、娱乐、政治和宗教等。

我们都知道，在体育比赛之前，运动员都需要做一些热身运动。其实，寒暄就是交谈的热身运动，是为交谈做准备的。寒暄可以使双方放松一些，熟悉一些，营造出一种有利于交谈的氛围。通过寒暄，大家可以更加了解对方，有利于找到共同的话题，有利于采用策略进行深入地交谈。因此，在和客户交谈时，销售员千万不要轻视寒暄的作用。

会见老客户,问候也要保持十分热度

很多销售人员认为自己和客户之间就是简单的契约关系,客户只要签完约,就和客户再无瓜葛了,所以他们在遇到老客户时,就没有了对待新客户的那股热情,主动问候的意识更是全无。

作为销售人员,如果抱着这样的心态去和客户做生意,则你做的恐怕只能是一次性买卖,是不会有回头客的。其实,问候不但能拉近我们与新客户之间的距离,还能使我们与老客户之间的感情更进一层。

销售员:荣小姐,您来了!上次您在我们这儿拍的写真,感觉如何?

顾客:很好啊,我朋友都说挺好看的!

销售员:是吗?太好了。不过这也是理所当然的,我们的摄影师都说您无论是身材还是皮肤都很好,自然很上镜。

顾客:你过奖了!

销售员:对了,您看我都忘记了,您今天过来,需要什么服务呢?

顾客：我想拍婚纱照。

销售员：是吗？那真恭喜您了！婚期在什么时候呢？

顾客："十一"期间。

销售员：哦，那首先恭喜您要做新娘了。

顾客：谢谢！

销售员：荣小姐，您这个时候拍婚纱照很合适，因为从开始拍到取照刚好需要20天左右。我推荐您拍这个套系，这是目前最好的优惠套系，可以说是物美价廉，现在只剩下3套了，我帮您订一套吧，您觉得怎么样？

顾客：嗯，行吧，我相信你的建议。

上面故事中的影楼销售员在接待老顾客时，开场白运用得非常成功。之所以如此，有一个很重要的原因就是她在谈话中合理、适当地运用了寒暄，面对老客户，她同样表现得很热情。她的问候技巧值得大家学习。

首先，她能准确地称呼客户，让客户觉得有种老朋友的感觉。然后，她又提到上次的消费，让客户回忆起自己快乐的消费经历。经过一番简单的问候之后，她又得知客户婚期将至，于是再次恭喜客户要做新娘了。这些虽然只是问候之辞，可是能让顾客听后感到非常舒服。她凭借寒暄拉近了彼此的距离，进而占据了谈话的主动权，对客户的心理也进行了全方位的把握。最终，她顺利地让客户接受了自己推荐的套系。

如果说与新客户问候是一种打消彼此防御心理的方法，那么与老客户问候就是一种礼貌,这是在与老客户接触中的一个比较重要的问题。销售员只有先联络一下彼此之间的感情,才能更好地切入主题。

那么,销售员应该怎样和老客户问候呢?

1. 准确地称呼对方

在与老客户问候时,销售员一定要准确地称呼对方,切忌记错对方的名字,否则,会让其觉得你不尊重他,甚至会对你产生反感。戴尔·卡耐基就曾说过:"一种最简单而又最重要的获取他人好感的方法,就是牢记对方的名字。"因此,无论客户是什么身份,也无论你们之间的关系怎样,销售员都要努力把他的容貌、名字和职务等记清楚。这样不但会增强你的记忆能力,更会使你在下次与老客户问候时让其迅速对你产生好感,从而使你的销售顺利无阻。

2. 谈及上次和客户合作的愉快经历

由于和老客户有过愉快的合作,所以此时销售人员如果能提及上次的合作情况,或者询问客户对产品的使用情况,就能让客户产生继续交谈的欲望,也能体现出你对他的关心。如此,客户对你的印象自然更好。

3. 开始时要表达感激之情

销售员的薪水和企业的利润都来源于客户,所以说客户是他们赖以生存和发展的基础。可以试想一下，如果公司连续数月或一年没有客户光临，那么离关门也就不远了。因此，销售人员在和客户接触之前就应该怀着一颗感恩之心，这是很重要也很必要的，应当感谢客户腾出时间来见你，感谢客户给你介绍产品的机会，更要感谢客户认可你的产品和劳动。比如，你可以这样说："李总，很感谢您今天能在百忙之中抽出时间……"

此外，在和老客户问候时，你还必须注意说话的语气和谈话的氛围，不要过于拘谨，应当尽量引导老客户聊一些轻松的话题，这样，才能够使你们之间的感情更进一层！

说有趣的话，让客户敞开心扉

作为销售人员，我们有时会碰到这样的客户，他们性格内向，不爱说话，在和他们搭讪时，他们往往会表现得很冷淡。他们的沉默有时甚至足以将我们完全击溃。这种就是沉默型的客户。

这种客户的嘴巴掰都掰不开，以至于我们只好厚着脸皮一个人唱"独角戏"。他们一句话也不说，就是那么沉默着听我们说话，而我们却猜不出他们的心里到底是感兴趣还是排斥，甚至从他们的表情中也找不到一点启示。

更加让人感到无奈的是，如果我们为了打破僵局，频繁地主动向他们提出问题，他们就会变得更加沉默。我们越主动，他们的"无声的抵抗"就越持久。直到我们的唠叨使对方感到不耐烦时，他们便开口说："您别费口舌了，请回吧。"这样，我们的搭讪还没开始就结束了。

那么，沉默型客户为什么不回应我们的搭讪呢？一般来讲，客户之所以保持沉默，其心理原因主要有四点：第一，怕一开口便给我们一种自己想买东西的误解，担心我们死缠烂打，给他们带来麻烦；第二，他们自己本身就具有沉默的个性；第三，他们讨厌销售人员；第四，他们的心情不太好。

由此可以看出，沉默型客户虽然不爱说话，可是他们并非真的不愿意与我们交谈。只要我们能够把握住他们的心理，给他们创造出适当的说话机会，他们就会向我们敞开心扉。比如，我们可以提一些他们感兴趣的话题，引导对方开口说话。

李洋在刚做销售时就碰到过一位沉默型的客户。这位客户经营着一家有名的糕饼店。李洋在拜访这位客户的时候，对方正忙于糕点的包装。他看了一眼李洋，但一句话也没说。之后，李洋在店内站了很久，仍无法与他进行任何交谈，不得已他只好放弃销售的念头。

不久之后，李洋再次来到这家糕饼店，这次他改变了策略。他走进糕饼店，向正在做糕饼的客户买了几块糕饼，又拿出一块糕饼当场吃了起来，然后开始引导客户："老板，您家的糕点真好吃，是您亲手做的吗？用的都是优质砂糖吧？"

听了李洋这些话，客户便微笑着说："不错，我们店从不使用劣质的糖。外皮是不是很好吃？那都是我亲自烤的，不像别家店用机器烤的那样淡然无味。做生意不完全是为了赚钱。如果为了赚钱用料不足，则不但会影响店里的声誉，也对不起自己的良心。哦！我想起来了，你上次好像来过，你是做什么的呢？"

"我是销售××的，今天就是想来您这儿买些饼，因为我的客户非常喜欢吃您家的饼，所以我想买些送他！对了，您对××有兴趣吗？"

客户稍微想了一下，然后说："有点兴趣。这样吧，你晚上再来一趟，到时候咱们再谈好了。"

在上面的例子中，李洋知道做糕饼是客户最熟悉不过的事情，而糕饼能得到顾客的认可，也是对方最引以为傲的事。于是，他顺应客户的心理，先用糕饼引起话题，使沉默型的客户有话可说。另外，他积极称赞客户家的糕饼好吃，这就满足了客户的成就感。通过这些，李洋成功地打破了与客户之间的僵局，之后再通过引导使客户主动提出谈生意的事，这样，李洋离成功地把产品销售出去就不远了。

其实，尽管一言不发的沉默型客户很难对付，但只要我们多了解一下他们的情况，从他们关心的话题入手，逐渐引导他们开口，就可以搭讪成功。

第三章

专业的介绍,客户会更信任你的产品

销售员拥有高超的说话技巧,能够清晰明了地表达,专业地介绍产品,是赢得客户信赖的利器。巧妙而准确地推介,包括介绍商品、优惠政策的使用等,是销售员应该掌握的服务技巧。将这些技巧巧妙地融入与客户沟通的过程中,将会对说服客户起到潜移默化的作用,令客户在不知不觉中受到影响,进而做出购买的决定。

精心展示产品,客户才会"一见钟情"

初次为客户展示产品时,能否实现预期的效果很重要。如果你设计得当,让客户一见到你的产品,便有眼前一亮的感觉,那么你接下来的产品演说将会很顺利,销售也将很理想。

我们先来看一个例子。

张先生是一家银行理财产品的销售员。有一次,他看见一位客户支取一笔60万元的大额储蓄存单,在授权的过程中,发现这位客户要把这笔资金转到其他银行,他便马上开始与客户进行沟通。

他了解到客户想从其他银行购买理财产品,而且客户十分渴望能够获得更多的理财知识。于是,张先生把客户引领到大厅的电脑处,打开电脑为她讲解一些基金知识。

面对电脑中一些基金的数据,这位客户心动了,但她是一个十分谨慎的人,需要风险小而且收益很好的理财产品。当天晚上,针对这位客户的要求,张先生为她设计了一套基金购买理财方案,并在次日上午打电话与她进行了交流。

这位客户不仅认同了张先生的理财方案，而且从其他银行转来20万元，委托张先生为她理财。

张先生销售成功的主要原因，就在于他能站在客户的立场上，初次展示理财产品时，他就吸引住了客户的注意力，还为客户设计了一套购买方案。从客户的立场来说，张先生的所作所为确实是为她的利益着想，所以她才会信任张先生，把自己的钱交给张先生去打理。

成功的产品展示，能够快速引领客户进入销售，并使客户心里自然升起一股成交的意向，会让客户在心里对自己说"对，这正是我想要的"，进而由内向外地愿意与销售员接近。

所以，一些优秀的销售人员在展示产品时，总会巧妙规划，提前做好充分的准备，让客户"一见钟情"，瞬间牢牢锁住客户的眼球。那么，我们怎样才能让客户对产品"一见钟情"呢？我们可以从以下几个方面入手。

1. 注重产品包装

再好的产品也需要包装，因为产品映入客户眼帘的，首先是外部包装。包装新颖，有亲和力，客户从内心里就会先认可；包装不好，就很难较快进入客户的视野。现在社会上很多商品有五颜六色的包装，这些不同包装的商品，有的能够引起客户的心理共鸣，给客户留下深刻的印象；有的在客户面前只是匆匆而过，在客户的印象中不会留下什么痕迹。所以，巧妙的包装，对于产品销售有很大的作用。

比如，时下热销的苹果手机，它笔挺的直板外形，拿在手里比较便携、有手感；仿佛被人咬过一口的苹果图标，让人不免浮想联翩，再加上它无与伦比的高科技配置，让它在全世界刮起一场"苹果风"。从这个意义上说，苹果的创始人乔布斯是一个极善于设计产品包装的人，而消费者的热烈反馈，也再一次证明：苹果手机的产品包装取得了很大成功。

2. 注重为产品造势

在为客户展示产品前，我们要充分为产品造势，让客户充满期待。这就好像有些演艺界人士要在某市巡演，往往会提前造势，让当地观众对这场演出充满期待，待到这位明星突然登场，台下的观众由于期待已久，顿时会眼前一亮、兴致盎然。我们在面对客户时，也可以采取类似的造势方法。

比如，你可以先给客户提供一些产品资料，让客户从字面上对产品有个大致了解。当客户提出要看产品时，你可以委婉地告知对方，由于客户现在前来购买的太多，暂时没有样品，并与客户约定一个展示产品的时间，并提前把产品的卖点告诉客户，让客户充满遐想。这样让客户费一点"周折"看到产品，比让客户很容易就能看到产品的效果会好些，人们一般有种心理，太容易得到的机会，往往不会去重视；而经过一番争取得来的机会，却会视如珍宝。

3. 巧妙设计展示方法

我们在为客户展示产品时，可以巧妙地设计一下展示方法，包括设计展示地点、展示环境等，具体采取怎样的展示方法，需要根据产品特点、预期效果来定。时下一些新车上市，厂商往往选择在车展上展示，并邀请美丽的车模来衬托。于是，展示会上，香车美女，记者的闪光灯，汽车出色的性能演示，顿时会让客户眼前一亮，给客户留下难忘的印象。可见，同样一件产品，使用不同的展示方法，会给客户留下不同的评价。

以销售金银首饰为例，你在一个豪华的商场里销售，高档的玻璃橱柜、柔和的光线，再加上你得体的服饰与高雅的气质，在这样的环境里，客户自然会对这些金银首饰的品位产生信任与肯定；而如果你把金银首饰放在大街上摆摊儿销售，即使这些金银首饰都是真金白银做的，客户也不会太看上眼，这是因为产品的展示方法，让其折损了自己的身价。

总之，要想成功地展示产品，我们需要精心设计，让客户"一见钟情"，让产品顿时捕获客户的"芳心"。

描绘产品体验，让客户心动

客户购买产品，是基于产品可以满足某种实用价值，从而使生活更便利，满足现实或未来需要。任何一个客户，在购买产品前，几乎都憧憬过拥有产品后，生活会变得如何美好。对推销员来说，你在主动推销，客户刚开始并未意识到是否需要你的产品，这时，你需要主动开发客户的想象力，为客户织造一个拥有产品后的梦。客户对这个梦充满憧憬，就意味着客户对你的产品已经心动。只要你让客户的这种欲望再强烈些，客户就会把心动转化为行动，去购买你的产品。

有些时候，我们发现客户站在产品前没有什么反应，这主要是我们还没有开发出客户潜在的想象力，还没有让客户想象到拥有我们的产品能给他带来什么好处。如果客户想买一件产品，那么他势必想象过这件产品能给自己带来哪些好处，或者是自己为什么需要这件产品。

因此，当我们在向客户推销时，我们不妨先尝试着开发客户对产品的想象力，介绍产品能给客户带来哪些利益，让客户憧憬拥有

第三章 专业的介绍，客户会更信任你的产品

这件产品的意境，同时让客户感觉到如果不能拥有，这个美妙的梦就要破碎。

你在推销一份养老保险，你要让客户感觉到如果有了这份保险，自己的晚年生活就可以无忧无虑，就可以和伴侣共度夕阳的美好时光，而如果不购买这份保险，就意味着年老时，可能要陷入生活缺乏保障的境况。谁不想给自己的人生画一个圆满的句号？谁又希望让自己晚年命运多舛？一个是美好的梦想，另一个是噩梦，让客户自己去选择，是提前规划自己的晚年生活，还是被动地接受难测的晚年岁月？相信这个时候，客户对这份保险起码会慎重考虑的。

每种产品的开发，都是耗费了某个人或很多人大量心血，所以，每一件产品，其实都有丰富的含义。很多时候，客户认识不到产品的利益，是因为我们没有给客户介绍到位。

比如，一些买了汽车的客户，开了两年甚至还不知道儿童锁的概念，更不知道儿童锁安装在什么位置。有一天，一位售后服务人员告诉他儿童锁的安装位置及用法，这位客户兴奋地说："我当初如果知道这辆车有儿童锁，一定不用再思考几天了，我会当场就买下这辆车。"

可见，作为销售人员，我们既要摸清客户的需求，还要把产品的优点与客户的需求进行有机对接。客户在购买时可能会想：这件产品能满足我的这个或者那个需求该多好。而我们恰好可以告诉客户："您所期望的这几种需求，我的产品都可以很好地满足，拥有这件产品，您的生活一定会更好！"那么这个时候，我们还愁客户不来积极购买吗？

我们接下来看一个例子。

一位客户想去买一部手机,本来心中想购买一款价格在3000元左右的手机,甚至给自己定了绝对不能超出3500元的上限。他来到手机卖场比较了很多款手机,一个销售员向他介绍一款手机,说:"这一款手机不仅待机时间长达50天,而且是八核CPU,数据处理能力超强,上网速度非常快;具备4800万像素,像素清晰;总体上说,这款手机的使用功能强大。您一看就是个老板,业务应该很多吧?"

"还行。"

"好,那您是不是要经常使用名片?是不是经常接到别人的名片?是不是要把别人的号码储存进手机,还要一个字一个字地打?"

"是啊。"

"我们这款手机,能够改变您现有的工作方式。它有一个手机名片系统,有了它,您不用再一盒又一盒地印名片了,只要用手机发送给对方就行了,并且手机名片还有声音和图像,这样的话,电话号码、姓名、工作单位也就不用您一个字一个字地手工输入了。"

"是吗?有这么好?"

"是啊,当您接到别人的名片时,您只需要轻轻扫描一下,就能将对方的电话号码、姓名、单位、职务、邮箱、网址统统储存进手机,多方便快捷呀!"

"那它多少钱呢?"

"4000元,很便宜。"

"这还便宜啊?我只想买3500元的手机。"

"是啊,您看它贵了500元,可是您想过没有,它能为您省下多少盒的名片呀?它能为您节省多少时间呀?而且它的造型也很时尚,更符合您的身份!"

这位客户思考一番后,最后很开心地购买了这款4000元的手机。

可见,当客户遇到更美好的事物时,他们往往会改变当初的想法。而当销售员能为客户构建一个更好的梦想时,客户就会改变他当初的想法。那位销售员为客户造了一个梦——不用再费事地印名片、带名片、手工输入字符了,手机可以轻松地实现这些功能。于是,客户感受到了产品的价值,便购买了产品。

所以,在销售中,我们要善于为客户造梦。即使遇到产品价格高于客户初期预算的情况,也并不意味着不能成交,关键是你要造出更好的梦,让这个差价实现客户的一个梦想:一种便利,一种轻松,一种可靠,一种保障。

总之,从事销售工作,我们要学会开发客户的想象力,为客户造出一个美丽的梦,这样才能圆我们的成交梦。

认清客户需求,才能说服客户购买

销售中,客户出于希望在谈判中掌握主动权,或者尽量压价,或者其他原因,一般不会主动说出自己的需求。当遇到这种情况时,我们往往不知道应该如何说服客户来购买,因为我们在不能确认客户需求的情况下,是很难要求客户与我们成交的。

我们知道,要想让客户承认自己的需求,销售人员就要能够准确判断客户的需求。那么,我们怎样能准确判断出客户的需求呢?我们来看如下几个方法。

1. 客户要购买的并不只是产品本身,还有产品所带给他们的效用

任何客户购买你的产品,前提是那件产品对他有用,没有任何用处的产品,客户是不可能有购买需求的。所以,我们要知道客户购买产品的**动机**是什么。

2. 把目光集中到客户最关注的问题上

客户一般不会在你展示完产品后马上决定购买,即便有无数

条应该购买的理由，他们往往也会货比三家，在产品质量、价格、功能、品牌等方面做一番比较和权衡，选择自己认为各方面都比较适合的产品。尽管在这个阶段，你处于被动地位，但你仍然需要与客户进行互动和沟通。完全让客户自己做决定，你很可能会失去客户。你应该把目光集中到客户最关注的问题上，使客户的购买天平倾向于你的产品。

3. 关注客户购买后的体验，持续跟踪客户需求，实现持续销售

即便客户已经购买了产品，你也不能掉以轻心。客户有时会对自己的决定产生怀疑或后悔的心理，这种心理越强烈，他们就越会觉得不应该受销售员的影响。所以，我们必须关注客户购买产品后的感受，并与客户及时保持联系。

我们来看下面的一个例子。

一位客户想去购买一台饮水机，便来到商场电器销售区。各种品牌的饮水机琳琅满目，他一时不知该选哪一种。他先走近一家饮水机专柜，专柜内的销售员正在接听电话，对他不理不睬。

于是，他就走到另外一家饮水机柜台，这个柜台的销售员看到客户，便从里面走出来问道："请问您想看饮水机吧？"客户点头说："是的，但我不知道该选什么样的饮水机。"销售员马上把客户带到饮水机展台处，开始介绍不同种类的饮水机。

这两位销售员会有怎样不同的结果？我们不难看出来，后一个销售员与客户成交的可能性更大些。所以，我们要记住，如果客户

对产品不了解，他一般就不会买。如果客户明确提出要了解产品的基本情况，如价格、质量、品牌、款式等，我们就必须积极、热情地向客户做产品介绍，力求给客户留下良好的印象。

销售的本质就是把产品卖给客户。如果客户没有购买欲望，则你说得再好，你的产品再先进，恐怕也是白费工夫，即便客户碍于情面不得已买了，事后也会后悔。毫无疑问，如果你清楚了客户的具体需求，以及这种需求对客户为什么重要，销售就会容易了。因此，我们要牢牢把握客户的需求展开工作。

我们在判断出客户的需求后，如何让客户承认自己的这些需求呢？我们需要采取合适的方法，让客户承认自己的需求。需要注意的是，我们不要逼客户去承认，否则，可能会让客户产生反感与抵触情绪。

一般情况下，我们要让客户承认自己的需求，可以采用下面几个办法。

1. 再次确认法

我们与客户前期沟通时，已经确认了对方的购买动机，而且我们也知道购买动机可以产生购买需求。在与客户沟通一段时间后，即将促成交易时，我们可以与客户再次确认客户的购买意向，从而使客户承认自己的购买需求，并证明我们的产品正好可以满足客户的这种需求。

比如，我们得知客户希望买一辆安全系数高的汽车，那么在给客户介绍完产品配置后,我们可以与客户再次确认:"孙先生,我们这辆车有4个安全气囊,可以有效地保护乘客的安全。刚才听您说希望买辆安全系数高的车,那么,车辆安全性也是您的一项重要需求了,是吧?"这样的话,客户只能做出肯定的回答,承认自己的这项需求。

2. 借助第三人称法

客户与你沟通时,有时会有意无意中透露出别人对自己的看法,你恰好可以利用这些第三方的看法,让客户承认自己的需求。

比如,客户说:"我朋友说我现在业务增多,经常外出见大客户,需要换辆上档次的车了。"你可以顺势接下来说:"是啊,您的这位朋友说得真对,我觉得您确实需要换辆档次比较高的车了。我们店正好有一款车,不少做生意的老板都来买,要不您也看看吧。"这样一来,客户也就相当于承认了自己"想买辆档次较高的汽车"这个需求。

同时,如果客户已经明确表明了自己有某种需求,我们就要让客户知道你能够提供给他需要的产品或服务,并且能够让他满意。

总之,我们要采取合适的方法,让客户承认自己的需求,从而铺平成交之路。

用数据说话，证明产品的质量

有时候，通过销售前期的接触和沟通，客户基本上已经认可了销售员，而销售员也将产品的基本信息传达给了客户，可客户仍是迟迟犹豫不决。对于客户的担心，销售员往往难以理解，甚至连客户自己也不知道为什么。

其实，客户的犹豫不决往往来自于一定程度上的担心，尽管客户已经知道了产品的优势，但还是有一种莫名的不信任。这时，如果销售员能运用精确的数据来与客户做进一步的沟通，他就可以打消客户的疑虑。

所以，我们可以量化产品给客户带来的利益，或者把产品价格分解到更小的单位中，让客户有切身的感知。如果客户抱怨"产品贵"，我们就可以为客户算一笔产品价值明细账，还可以把产品的使用寿命平均到每一天，分解价格，让客户知道每一项使用价值或者每一天的使用费是多少。这样可以让空洞的价格丰富起来，也能让客户更好地把"价格"与"价值"对接上。

我们看下面的两个案例。

案例1：

客户："这个产品的功能基本上符合我的要求，不过我还是有些担心质量。"

销售员："这个您放心，我们做过试验，我们公司的产品可以连续使用6万个小时而无质量问题。"

客户："哦，是吗？"

销售员："是的，我们的产品在生产中有9道工序，每道工序都有专门的检查小组进行质量检验。正是由于质量有保证，所以我们的产品已经在全国20多个地市销售了270万台，而且还没有发生一起退货事件。"

客户："哦，好，你们明天就给我送货吧！"

案例2：

某楼盘售楼处，一位看房者打算采用按揭贷款的方式买房，可感觉月供较多，一时下不了决心。旁边的售楼顾问说："先生，20年分期，月供1800元，合到每天才60元。根据您刚才说的收入水平，承受这个额度应该是没有问题的。"看房者听后，沉思了一会儿，便签了购房协议。

从上面的两个案例，我们可以看出，使用精确的数据能够佐证销售员的产品描述，可以增强说服力，打消客户的顾虑。但我们在引用数据时，要区分说话时机，如果使用不当，则会产生不利的后果。比如，为客户介绍产品时，过多地使用数据可能造成客户理解上的混乱,也会加重客户的记忆负担,还可能让客户觉得销售员是在炫耀自己的专业知识。

所以,在运用数据说明问题的时候,我们需要注意以下问题。

1. 必须保证数据的真实性和准确性

数据的最大说服力就来自于它的准确性和真实性,只有这样,才能引起客户的重视并增强客户对产品的信赖。但是,如果你说的数据不够真实和准确,甚至是虚假或错误的,则不仅不会起到增强说服力的效果,反而会让客户认为你是在欺骗和愚弄他,进而对产品本身的质量产生怀疑。这不仅会导致销售的失败,而且会影响企业和产品的声誉。

比如,你在向客户介绍汽车的动力性如何充沛时,顺口就说"这辆汽车的发动机有12个汽缸",但客户一打开发动机舱盖,发现发动机只有6个汽缸,他就会怀疑你列举的数字的准确性,甚至会对你说过的话产生全盘怀疑。

2. 利用来自专业机构的数字来证明

专业机构的证明往往具有一定的权威性,其影响力和说服力也是非常大的。当客户对产品的质量或其他方面存有疑虑时,销售员可以这样说:"我们公司的产品经过某国际机构的严格认证,在经过了连续9个月的调查后,该国际机构认为我们公司的产品完全符合国际标准。"

3. 借助来自影响力较大的人物或事件提供的数字来说明

如果销售员能够借助那些影响力较大的人物或事件来加以说明，则不仅可以使列举出的数据给客户留下深刻的印象，还可以增强客户对产品的信任和重视程度。例如，"某500强企业在某年开始采购我们公司的产品，到现在为止，已经和我们公司建立了8年零9个月的良好合作关系。"客户听后，会对你所在公司的实力刮目相看。

4. 配合其他手段，根据销售需要运用数据

使用数据可以增强说服力，但如果一味地罗列数据，则不仅达不到预期的效果，而且可能会使客户眼花缭乱。有些客户对数字不敏感，单纯的数据会使他们感到枯燥，甚至还会认为你在故意卖弄学问。

所以，销售员要想使数据具有强劲的说服力，首先要选择合适的时机，比如，当客户对产品的质量提出质疑时，你可以用精确的数据来证明产品的卓越质量。当客户的疑问不太重时，你用一些简单的数字说明即可，懂得适可而止，不要随意滥用数据。

另外，销售员需要注意的是，不少相关数据是随着时间和环境的改变不断发生改变的，比如产品的销量、使用期限等。对此，销售员必须及时掌握数据的更新和变化，力求提供给客户最准确、最可靠的信息。

总之，适当地引用数据可以在很大程度上打消客户的疑虑，进一步赢得客户的信赖，有利于最终的成交。

适当说缺陷，有助于赢得客户信赖

在介绍产品时，一味地"王婆卖瓜，自卖自夸"，未必能让客户信服。而适当地说出一些无碍成交的"小缺点"，反而能促使交易的达成。

"金无足赤，人无完人"。一定的产品，会有一定的功能。尽管客户在购物时，希望产品能带给自己的便利越多越好，但他们知道：任何产品不可能是完美无缺的。购买，其实是利益最大化、缺憾最小化对比以后的结果。

所以，适当地解释一下产品的不足之处，再主动为客户打消顾虑，强调产品的优势，往往会有意想不到的结果，也更能赢得客户的信赖。我们把这种方法称为"先说缺点，后讲优点"。

我们来看下面的例子。

"这台电脑的质量与后期服务非常好，就是价格稍微高了点！"（把价格高的缺点放在了后面，会形成高价格的印象：客户会想：这么贵，值得买吗？）

第三章 专业的介绍，客户会更信任你的产品

"这台电脑的价格稍微高了点，但是质量和后期服务非常好！"（把质量放到后面，给客户留下高品质的印象。客户会想：有道理，其实也就是买个放心，贵点就贵点吧！）

说出的话大同小异，只是语句前后颠倒了一下位置，所表达出的效果却有很大的差别，这就是语言的魅力。

现实中，一些销售员为了尽快提升业绩，在介绍产品时，往往说得天花乱坠，对于产品的不足之处更是百般隐瞒，不敢承认，虽然产品销售出去了，但很难赢得客户的信任，这种业绩也势必难以长久。优秀的销售员往往会理性面对产品的不足，主动向客户承认一些产品的"小缺点"，既可以主动消除客户对"被忽悠"的疑虑，又可以让客户觉得你真诚、善意。

所以，在向客户介绍产品前，我们一定要搞清楚一个概念：产品的弱点。

产品的弱点，指没有质量问题，却在竞争中相对于同类产品处于劣势的特点，比如，耗电大、价格贵、包装不美观、样式老等这些产品弱点。有的弱点是为了产品的其他优点而产生的，有的是可以改变的，有的是不能马上改变的。在与客户沟通时，我们一定要加以区分。

常言道"有一利必有一弊"，反之，有一弊也必有一利。

首先，当遇到客户询问产品的弱点时，我们不要回避问题，也不要去和客户发生争执，而要正面承认产品存在的弱点。你可以说："您说得很对，在长期的销售中，我们也发现了产品的这个弱

点，谢谢您为我们指出来，我们会尽力去改进的。"

其次，我们要委婉地把产品产生弱点的原因讲清楚。你可以说："我们的产品之所以耗电量大，是因为要保障产品的大功率，保障在紧急情况下一样能正常工作。"或者说："我们的产品在价格上之所以贵过同类产品，是为了保证产品的功效。我们选择了质量最好的原材料，所以它的效果一定要比同类产品好，这一点是得到市场验证了的。"

再次，我们要向客户讲明为了弥补产品的弱点，会有相关的售后增值服务。比如，"我公司生产的电子产品，虽然比不上做了很长时间的厂家有名气，可我们也在极力打造自己的品牌。在售后服务上，我们承诺免费保修五年、终身维修。"

可见，坦然承认产品缺陷并非是对销售员完全不利的。在与客户谈判的过程中，适当提及产品的缺点，反而能够使客户因销售员的诚实而下定决心购买。

1. 坦诚更易获得客户信赖

人们都喜欢跟坦诚的人打交道，因为不必担心自己被对方欺骗。可以说，坦诚是人类最优秀的品质之一。销售员所面对的客户多种多样，对于那些有独立见解的客户，如果一味强调优点，把产品说得太过完美，则反而会令人产生怀疑。很多时候，主动暴露产品的缺点，反而会使客户觉得销售员诚实，是值得相信的。

2. 善于利用缺陷，可以转败为赢

我们知道，任何一件商品都存在或多或少的缺陷。如果故意掩饰缺陷，则只能让沟通的结果越来越糟；如果能够很好地利用这些缺陷，则反而可以转败为赢，增加成交的概率。

产品的缺陷并没有那么可怕。如果利用好了，则不但不会影响销售，反而可以成为一个卖点。比如有些产品款式老些，但不影响正常使用，而且价格很便宜，这对一些讲究实用的客户来说，倒可以成为一个卖点。

3. 坦陈产品缺陷也有技巧

我们用不同的方式谈产品缺陷，收获的效果会有不同。这就需要我们在坦陈产品缺陷时，要掌握一定技巧。

第一种，对于可以告诉客户的事情，我们要主动，不要等着客户去发现、质问。从来就没有完美无缺的产品，客户也知道这一点，销售员可以主动说出一些有关产品不足的地方。说这些问题的时候，销售员要态度认真，让客户觉得你足够诚恳，但这些问题一定是要无碍大局的，对方才可以接受。比如，你在卖汽车时，如果告诉客户"刹车存在故障，可能会出现难以刹车的情况"，则客户肯定不敢买这辆汽车了，因为对汽车来说，刹车故障是致命的；而你要是说"这辆车出厂时没有安装导航仪，不过您需要安装的话，咱们店可以帮您按上"，因为客户选择安装导航仪的方式很多，比如手机下载地图、购买一个便携式的导航仪等，这样问题一般不会影响客户的购买决心。

  第二种，对于那些不方便说或者不能说的问题，我们要诚实地告诉客户不方便说，而不要遮遮掩掩。一些诸如商业机密的事情是不能透露给客户的。对于这类问题，我们可以做类似回答："这些产品开发细节问题，只有我们公司研发部门才有权力对外公布。作为销售员，我们对产品开发过程了解不多。不过对于您想了解的产品性能、质量等，我一定会给您做详细的介绍与演示。"一般而言，销售员说到这里，客户会表示理解的。

  因此，销售中，适度说一些"小缺点"，会让客户觉得你可信，并有利于成交的实现。

第四章

人人都爱听好话,赞美能拉近与客户的距离

　　赞美是人与人之间沟通的润滑剂,更是对他人的一种肯定。这样的肯定,就像蜜一样甜,会让对方在心里放松戒备,并对你产生好感。因此,销售人员可以利用这种心理,给予客户充分的肯定与赞美,以此拉近与客户的心理距离。

赞美,是客户耳边最动听的声音

赞美的话是世界上最动听的语言。记得有位名人曾说:"赞美,是畅销全球的通行证。"美国著名心理学家威廉·詹姆斯也曾说:"人性最深刻的原则就是希望别人对自己加以赏识。"因此,谈判的客户也不会例外。

如果你细心观察客户,看到别人未留意的东西并加以赞美,以此引起他们的自豪感,他们就会觉得你为人细心而又有礼貌。所以那些嘴上抹了蜜的、把"赞美"用得得心应手的销售员,更容易赢得客户的信任,从而销售成功。

美国著名的柯达公司创始人乔治·伊斯曼,因发明感光胶卷而使电影得以产生,并积累了一笔高达1亿美元的财产,从而成为世界上最有名望的商人之一。

伊斯曼曾经在罗彻斯特建立过一座伊斯曼音乐厅、一座纪念馆,同时为了纪念他的母亲,还盖过一家著名戏院。这三大建筑都需要室内座椅,于是制造商之间展开了一场激烈的竞争。可是,当这些人去找伊斯曼洽谈这笔生意时,没有一个不是高兴而去,失望而回的。

就在这种情况下,美国优美座位公司的经理鲁姆斯·亚当森希望能够得到这笔价值9万美元的生意。于是,他同伊斯曼的秘书通了电话,约定在罗彻斯特拜见伊斯曼先生。在亚当森见伊斯曼之前,那位好心的秘书向他提出忠告:"我知道你想争取到这笔生意,但我不妨先告诉你,如果你占用的时间超过了5分钟,那你就一点希望也没有了。他是一个大忙人,说到做到的,你得抓紧时间把事情讲完就走。"亚当森微笑着点头称是。

亚当森被领进伊斯曼的办公室,伊斯曼正伏案处理一堆文件。过了一会儿,伊斯曼抬起头来,说道:"早上好!先生,有事吗?"秘书为亚当森做了简单的介绍后,便退出去了。这时,亚当森没有开口谈生意,而是满脸诚意地说:"伊斯曼先生,在恭候您的时候,我一直在欣赏您的办公室,我很羡慕您的办公室。如果我自己能有这样的一间办公室,即使工作辛劳一点我也不会在乎的。我本人长期从事室内木工装潢工作,但从来没见过装修得这么精致的办公室。"

听他这样一说,伊斯曼赶紧回答说:"哎呀!您提醒了我差点就忘记的事情。这间办公室很漂亮,是吗?是我亲自设计的。当初刚装饰好的时候,我喜欢极了。可是后来一忙,有时甚至一连几个星期都顾不上好好看看这房间一眼。"

亚当森走过去,用手来回抚摸着一块镶板,那神情就如同抚摸一件心爱之物:"这是用英国的橡木做的,对吗?意大利橡木的质地不是这样的。"

伊斯曼高兴地站起身来答道："不错,这是从英国进口的橡木,是一位专门研究室内细木的朋友为我挑选的。"

此时,伊斯曼的心情好极了,他带着亚当森参观了办公室的每一个角落,并把自己参与设计与监制的部分一一指给亚当森看。他还打开一个带锁的箱子,从里面拿出他的第一卷胶片,向亚当森讲述自己早年创业时的奋斗历程。

伊斯曼情真意切地说到了孩提时家里一贫如洗的惨状,说到了母亲的辛劳,说到了那时想挣大钱的愿望,并讲了怎样没日没夜地在办公室搞实验,等等。

那天他们谈了两个多小时,直到亚当森告别之际,两人都没谈到那笔生意。

最后,亚当森不但得到了大笔的订单,而且和伊斯曼结下了终生的友谊。

看到这里,你肯定也明白了其中的奥妙。正是因为亚当森别出心裁地从伊斯曼的经历入手,恰到好处地赞扬他所取得的成就,使伊斯曼的自尊心得到最大限度的满足,把亚当森视为知己,从而才获得了这笔生意。

无论是谁,听到赞美之词都会开心。所以,在营销对话中,你也应该学习亚当森的语言艺术,不失时机地赞美对方,说不定会给你的事业带来意想不到的效果。

不过,需要注意的是,赞美是件好事情,但并不是一件简单的事。赞美和拍马屁并不是一回事,在赞美的时候必须要恰当,注意分寸。那么,销售员应该如何赞美客户呢?

首先,赞美必须是真诚的,不是矫揉造作的。我们所赞美的必须是有事实根据的,阿谀奉承并不能赢得对方的真诚对待。这里的"根据",指的是赞美要实事求是、要具体,这样才显得真实,容易让人接受。那么,哪些是赞美中的"根"和"据"呢?这其实很简单,我们可以尽量让赞美细节化,避免泛泛而谈。比如,在与客户交谈的时候,我们可以赞美客户的经历、办公室的布置等。

其次,要赞美客户的具体行为,而并非客户本人;并且赞美所用的语言含蓄些效果会更好。以案例里的人物来说,如果当时亚当森进办公室之后直接夸奖的是伊斯曼本人的相貌或者直接说"伊斯曼先生,您的实力真强啊!"就会给人很突兀的感觉。相反,就像案例中亚当森没有开口谈生意,而是满脸诚意地夸奖他的办公室装修之精致,这样赞美对方的所作所为时,听起来显得真诚、友好,而且伊斯曼也能确切地知道他自己为什么受到了赞美,这样的方式会使我们的谈判对手觉得更加舒服。

最后,可以巧妙地运用聊天的方式来赞美对方。聊天是相识的人之间沟通思想的手段,通过这一手段,双方可以达到深入了解的目的。聊天更是不相识的人之间建立友谊、密切交往的桥梁。通过聊天,双方可以调节心情,拉近双方的情感,增强彼此的信任度。这样,才能达到进一步交易的关键点。案例中谈判双方在进入正式谈判前花大半天的工夫聊天,在此过程中,伊斯曼卸下了心理防备,花几十倍的"5分钟"来和对手交流。这正是他们建立合作的前提。

随声附和，满足客户自尊才能获得好感

威廉·詹姆斯曾经明确地指出："人性中最殷切的需求，就是渴望得到别人的肯定与赞扬。"大作家马克·吐温也曾幽默地感慨："一句美好的赞扬，能使我快活上两个月。"

在现实生活中，大多数人都喜欢听附和的话。你附和别人的观点，如果恰到好处，则对方肯定会很高兴，并对你有好感。所以说随声附和也是一种赞美的方法。

韦森是一家服装图样设计公司的销售员，在研究人类关系学之前，他损失了无数应该获得的佣金。开始做销售员的三年时间，他几乎每星期都去找纽约某位著名的设计家。这位设计家每次都不拒绝见韦森，而且还总是把韦森带去的图案仔细看一遍，但就是不买。

经过150次的失败，韦森体会到自己一定过于墨守成规，所以决心研究一下人际关系的有关法则，以帮助自己获得一些新的观念，找到新的力量。

后来，他采用一种新的处理方式。他拿了几张没完成的草图，

走进那位设计师的办公室。"我想请您帮点小忙。"韦森说道,"这里有几张尚未完成的草图,可否请您帮忙完成,以更加符合你们的需要?"

设计师一言不发地看了一下草图,然后说:"把这些草图留在这里吧,过几天再来找我。"三天后,韦森又去他那里,听了建议后,把图样拿回去,按照那位设计师的意思画完。这笔交易结果如何?不用说,这位买主完全接受了。

自从这笔生意完成后,这位设计师又订了十张图样,都完全是按照他的意思画的,韦森就这样赚了1600多美元的佣金。韦森说道:"我一直希望他买我提供的东西,这是不对的。后来正是因为我要他向我提供意见,他就成了设计人。我并没有把东西卖给他,他自己买下了。"这就是那位设计师买图样的原因吧。

韦森过去之所以总是失败,就是因为总是强迫设计师买他认为对方需要的图样。可是现在韦森所做的跟过去完全不一样了,他请设计师提出他自己的意见,使设计师觉得那些图样是自己设计的。现在韦森不用去求他买,他自己也会来向韦森买。

遵照设计师的意见办事,他怎么说就怎么做,这其实也是一种赞美方式。听从他人的意见,无形当中就制造了"你很棒,你的意见都是对的,你说什么我都会随声附和"的效果。仔细领会一下,你就会发现,在使用这种方法时,被附和的一方总会产生被尊重、被崇拜的感觉。从效果上来看,这和直接赞美是一样的。

在饭店里,我们常常会听到服务生这样说:"先生,您真会选，这可是我们店里最好的葡萄酒，对那些精于品评美酒的人来说是再合适不过了。虽然有一点贵，不过我想您会喜欢的。您愿意再来一瓶吗？"

这样赞美顾客的成熟品位和鉴赏力，他又怎么会拒绝呢？而且价格因素增加了葡萄酒的诱惑力，通过向周围人显示有能力消费生活中的奢侈品而使自己的"能力表现需求"得到了满足。

可以说，在销售人员与顾客交流的过程中，附和对方起着非常重要的作用。因为附和就意味着赞同对方的观点，这在心理学上称为"承认"。当你承认对方的观点正确的时候，对方就会在心里对你产生一种认同感，从而拉近双方的距离。

因此，销售人员如果把这个道理应用到工作当中，就能够收到良好的效果。比如，想表达"这件衣服的款式很特别"，聪明的销售人员应该这样说："对，您的眼光真不错，今年就流行这种款式。"听完这句话，顾客的心里就会美滋滋的，因为自己的观点得到了认同，同时自己又被认为是"比较有眼光的人"，也就不太可能放下一个"有眼光的人"认为的"比较好"的一件衣服了。

总之，在销售中，如果你能对客户随声附和，用诚挚的敬意和真心实意的赞扬满足对方的自尊，那么任何一个人都可能会变得更愉快、更通情达理、更乐于通力合作，从而让你的销售工作变得更加顺利。

请教式赞美，用虚荣心俘获客户

一般来说，人们都喜欢向比自己高明的人请教。换句话说，你向别人请教问题，就相当于你在心理上认同对方是一位比较高明的人物，或者是一位专业人士。这样能满足对方某种程度的虚荣心和好为人师的心理。

真诚地请教对方光辉的业绩、优秀的才能或独有的专长，往往是一把成功打开交际大门的钥匙。因为在某种程度上，请教就意味着赞美和承认。这种赞美方法运用起来很简单，效果也是非常好的。

一位X光机器制造商就很好地利用了"请教也是一种赞美"这种心理战术，把他的设备卖给了布鲁克林最大的一家医院。

那家医院正在扩建，准备成立全美国最好的X光科。一位大夫负责X光科，很多销售员们整天包围着他，他们一味地歌颂、赞美他们自己的机器设备。

不过，这一位制造商却更具技巧。他见到大夫后说："我们的工厂最近完成了一套新的X光设备。这批机器的第一部分刚刚运到我们的办公室。它们并不是很完美,我们想改进它们。所以,如果您能抽空来看看它们并提出您的宝贵意见,使它们被改进得能够对你们这一行业有更多的帮助,那我们将深为感激。我知道您平时工作非常忙,我会在您指定的任何时间,派我的车子去接您。"

"听你这么说,我既惊讶又觉得受到很大的恭维。以前从来没有任何一位X光机器制造商向我请教。这让我感觉自己很重要。这个星期,我每天晚上都很忙,但我还是决定推掉今天的晚餐约会,去看看那套设备。"大夫说完便随这位制造商去看设备。大夫看得越仔细,越觉得非常喜欢它,最后大夫为医院买下了那套设备。

在人际交往的过程中,请教也能起到拉近人与人之间距离的作用。试想一下请教问题时的姿势:微微低着头,双手恭敬地把自己想知道答案的问题呈给对方。这是怎样的一种表达尊敬的姿势,又有谁会不愿意接受这样恭敬的赞扬呢?

销售员的工作大多是面对陌生人的商业活动,同样,对客户来说,销售员也是陌生人。对陌生人心存恐惧、怀疑和防御是人的本能,所以当销售员敲开客户的家门时,客户就会对销售员这样一个陌生的不速之客产生警诫,从而会对销售员摆出排斥的态度。

日本的一位专家曾经做过一次调查,结果表明70%的客户都没有什么真正明确的拒绝理由,只是泛泛地反感销售员的打扰,对销售员本人有怀疑、恐惧的心理,这必然导致他们对销售员带来的商品持怀疑态度。所以从根本上讲,客户对销售员的拒绝并不是拒绝商品,而是拒绝销售员,拒绝销售员的言行和神态。

第四章 人人都爱听好话，赞美能拉近与客户的距离

有经验的销售员对打消客户的疑虑，取得客户对自己的信任有一套独特的方法，他们会巧妙地利用请教式赞美来消除客户的心理防备。下面，我们看看"推销之神"原一平是怎么说的吧。

有一次，原一平去拜访一家商店的老板。

"先生，您好！"

"你是谁啊？"

"我是××公司的，今天我到贵地，有两件事情专程来请教您这位附近最有名的老板。"

"附近最有名的老板？"

"是啊！根据我打听的结果，大伙儿都说这个问题最好请教您。"

"哦！大伙儿都这样说啊！真是不敢当。你说吧，到底是什么问题呢？"

"实不相瞒，是这样的……"

"站着不方便，请进来说话吧！"

就这样，原一平轻松地过了第一关，达到了接近客户的目的。

每个人都渴望别人的认同与赞美，客户也一样。案例中的销售大师原一平之所以能成功销售，是因为他应用了请教式赞美，给老板以肯定，赢得了对方的好感和认同，接下来的沟通就容易得多了。

把这种请教式的赞美话术运用到销售业中的上门销售上是最为有效的。只要你学会应用这种请教式的赞美方式，就能大大增加销售的成功率。

内容够新鲜，赞美才能说到客户心里去

我们知道，每个人都希望别人对自己有一个肯定的评价。据专家研究，一个人如果长时间被他人赞美，其心情会变得愉悦，智商会有所下降。销售员如果能够真诚地而不是敷衍地对客户表示赞美，他们就会认为你很体谅别人，就会对你表示友好，从而愿意与你做进一步的交流。虽然说赞美是人际交往的润滑剂，是件好事，但也是件难事。毫无技巧与新意的赞美，不但不能打动客户，还会有奉承之嫌，甚至招致客户的反感。

某高档西装的广告部负责人罗丽曾有如下的经历。

经过几次的电话预约，一位商界奇才——马先生终于答应同罗丽见面。罗丽很珍惜这次机会，因为她的目的是让此人成为她们服装品牌的代言人。一般情况下，商界人士是不屑于为其他人做广告的，他们通常会这么说："我又不是明星，那些出风头的事找别人去做吧！"为了在有限的时间内能够说服这位商界奇才，罗丽制订了详细的计划。她的计划是：想办法先赢得他的好感，然后努力延长

对话的时间,这样才有可能成功。

见到了久负盛名的马先生后,罗丽打过招呼,然后微笑着说:"您好,我仔细阅读了您的成功经历,您真是一位商界奇才啊!"

马先生显得波澜不惊,说:"啊,真是奇怪,现在每一个人见到我都这样说。其实,我并不那样认为,这也是我给每一个人的回答。"

罗丽唯恐马先生不高兴,赶紧又说道:"不,不。您太谦虚了,中国像您这样的人物真的太少了。"

"罗丽小姐,如果你是来跟我说这些话的,那么你可以走了。因为这些话对我没有任何意义。如果我想听这样的话,随便拉一个人进来可能都比你说得好。如果你没有其他的事情了,请不要浪费大家的时间。请原谅我的直白,因为时间对我来说实在是太宝贵了。很抱歉。"

罗丽动了动嘴唇,什么话都没有说出来。

遇到这样的情况,是罗丽始料不及的。她没有想到自己的好心赞美却得到了这样的结果,真正的来意还没有说出来,就被下了逐客令。问题出在哪里了呢?问题就在于罗丽的赞美太过于普通,甚至让人觉得听这样的赞美就等于在浪费时间。

有位成功的销售员曾说过,在他的销售生涯中,遇到过这样一位客户:他听到别人称赞他特别的胡须时便特别高兴,但对于那些他对社会所做出的巨大贡献和有关他成就的赞誉,他却不放在心上,让人颇觉怪异。这样的顾客,仿佛很难把握他们的心理。

事实上，这种心理是每个人都有的。大概已经有无数的人在他面前称赞了这位成功人士在商场上的英勇善战以及富于谋略的经商才干。但是，他作为一个商人，无论在这方面怎样赞美他，对他而言也只是赞歌中的同一支曲子，不会使他产生自豪感。

然而，如果你对他经商才能之外的方面加以赞赏，就等于在赞词中增加了新的条目，他便会感到无比快乐和满足，认为自己除了那些之外，还有更加令人着迷的东西。可见，在恭维他人时，捧出新鲜的内容多么重要。那些平常的、人人都会的赞美已不能达到预期的效果，而有创意的不同于众人的赞美方式才更容易为人所接受。

那么，该如何让赞美显得更有新意呢？

1. 从细节处赞美

比如，如果客户是一位女性，一开始就夸对方"你很漂亮"，客户一方面会感到高兴，另一方面则会有些不知所措。因此，单刀直入的夸奖之前一定要事先扎根，否则只会成为令人难以接受的奉承。对此，我们不妨一反常态，从一些细节处赞美。比如，夸赞对方的东西或饰品等，例如"您的发型很有特色""您的衣服很合身""饰品很可爱"……

这些夸奖的话，从表面上看是在夸奖东西，事实上是在夸对方有眼光，而被夸的一方不但不会不知所措，反而因为自己以外的东西受到高估而感到高兴，他们会认为你们在价值观上存在着很大的共同之处，这样，一下子就缩短了双方的距离。

2. 赞美对方的精神层面

赞美精神层面,具体包括以下几点。

(1)赞美对方的态度和行为,像"活泼大方""言行得体""容易亲近"等夸奖。为了在不同程度和不同模式上夸奖对方,你必须准备一些话语,仔细观察对方,然后在适当的时机套入这些话语。

(2)赞美对方的品位。比如,你可以赞美客户的穿着:"听说您退休前是一名服装设计师,是吗?怪不得您今天这样搭配,让人有耳目一新的感觉呢!您肯定有一套自己的搭配秘诀。"听到这样的赞美,大多数情况下,客户都会高兴得心花怒放的。

(3)赞美对方的品质。比如,当你面对的是一位男士的时候,在销售的最后,你不妨说出这样的话:"您真是一位好先生。""我觉得您是位值得尊敬的人。""我觉得您真是位体贴的男士。"……这样不加修饰脱口而出,一定会给对方留下好印象。

总之,只有充满新意的赞美,才能把赞美说到客户的心里去,进而加倍提升他自信的感觉,从而有助于我们的销售工作!

赞美，不同对象要区别对待

美国一位著名的企业家曾经讲过这样一件事。

20世纪60年代，我决定兴建一座办公大楼作为我的公司总部。我花了将近10年的时间，走了无数家银行，始终得不到贷款。于是，我决定来它个既成事实。我设法将我自己的200万美元款项集中起来，聘请一位承建商，要他进行建造，我则设法去筹集另外所需的500万美元。如果钱用完了但我仍然拿不到抵押贷款，他就得停工。

建造开始，后来所剩的钱只够再维持一个星期了。就在那时，我正巧和人寿保险公司的一位主管在纽约市一起吃晚饭。我把经常随身携带的一份蓝图拿出来，想引起他资助我兴建大楼的兴趣。当他看出我准备在餐桌上将蓝图摊开时，他便对我说："这里不好谈，明天到我办公室来。"

回到家之后，我仔细研究了这位主管的资料。我发现他当上主管也才半个月的时间。得到了这一信息，我就对明天的谈话胸有成竹了。

第二天，他说都城公司多半可以给我所需的抵押贷款。

"太好了，"我说，"唯一的问题是我今天就需要获得贷款承诺。"

"你一定是在开玩笑吧。"他答道，"我们从来就无法在一天之内给予抵押贷款承诺的。"

我把椅子向他那边拉近，说道："您是这一部门的主管。或许，您应该试试看您有没有足够的权力，可以使这件事在一天之内办好。而且我现在真的非常需要帮助。"

他微笑着说道："你这是要让我为难了，不过，我试试看吧。"

他试了之后，原来说办不到的事情终于办到了，而我也在我的钱用完之前几小时回到了芝加哥。

如果想要说服他人，我们就必须找到并击中对方的"要害"，从而促使他答应下来。以案例中的事情来说，要害就是那位主管对他本身权力的意识。刚刚上任的主管肯定想对自己手中的权力产生一些具体的认识，他需要在某件事上来证明自己的权力到底有多大。那位企业家正是抓住了这个契机，最终成功地获得了贷款批准。

一个花匠去一位著名的法官家为他美化庄园。当他在干活的时候，那位法官给他提出了不少好的建议，比如，希望在哪儿种上一丛郁金香，又希望在哪儿种上一丛玫瑰花，等等。于是，花匠说："法官先生，您的业余爱好真是不错啊！我一直很羡慕您那条漂亮的狗，我知道您在麦迪逊广场花园举行的家犬大奖赛中赢得了不少蓝彩带。"这小小的赞美之辞带来了惊人的效果，因为狗是法官的心爱之物。法官连忙说道："是啊，养狗的乐趣的确无穷啊！你是否愿意看一看我家的狗窝？"

法官花了大约一个小时的时间领花匠看了他养的狗，并把那些狗赢得的各种奖品都拿给花匠看。他甚至还拿出狗的谱系材料，告诉花匠这些狗之所以这么漂亮是因为血缘的关系。

然后，法官问花匠："你有孩子吗？"花匠回答："有。"法官又问："他想要小狗吗？"花匠急切地答道："怎么不想？如果有了，他肯定会非常非常开心的。""好吧，那我送他一只。"法官说道。

接着，法官又给花匠讲了怎样给小狗喂食的问题，讲完后又热切地说："估计光给你讲你会忘了，我还是把它写出来吧。"于是，法官把小狗的谱系和喂狗的方法都写了下来。

最后，法官送给了花匠一条价值100美元的小狗，在花匠身上花去了1小时15分钟的时间，这一切就是因为花匠真诚地赞美了他的爱好以及他所取得的成就。

你是不是很羡慕那个花匠呢？告诉你吧，花匠可是花了很长一段时间来研究这位法官的。因为他也很喜欢小狗，可是没有那么多的余钱去买。聪明的花匠在仔细地研究了这位法官之后，又进行了具体地分析，最后设计了上面的对话。"世上无难事，只怕有心人"，所以最后他成功了。

总之，销售人员要知道，每个人都会有值得你去羡慕、称赞的地方，只要你仔细地进行研究，认真地把它挖掘出来，并真心地加以称赞，你就一定会受益无穷。

第五章

多谈价值,别让成交止于讨价还价

做销售,就免不了讨价还价的情况出现。卖方希望以较高的价格成交,而买方则期盼以较低的价格成交。对一些喜欢讲价的客户来说,所有的价格应该都是可以讲的,即便是明码标价的东西。如何才能达到双赢的局面,不是一件简单的事情。这需要销售员掌握一些谢绝讲价的策略。

预留价格空间，给自己一条退路

在销售中，价格是个敏感的因素，而且很多客户一般都有讨价还价的经历与倾向。如果处理不好价格问题，则可能会使沟通不欢而散，也做不成生意。所以，我们要提前做好准备，预留一些降价空间，从而在销售谈判中最终取胜。

我们接下来看一下这些处理技巧。

1. 客户初期来询价，不要直接回复

比如，客户一进门就直接问价格："这辆电动车多少钱？"

你该怎么回答呢？不要直接告诉价格，否则客户会专注于价格，而不是产品本身的价值。

2. 客户中期来砍价，让价不多决心大

在商言商，价格上能多争取一点，公司就多赚一点，销售员自己的提成也就多点。做买卖虚虚实实、真真假假，你要摸透消费者的心理，对症下药，给消费者一种价格已经"到底"的感觉，你是

很不情愿地做出了价格的最大让步。切记，客户砍价，不要张口就说，否则，即使你给出的真是最低价、成本价，客户也不一定领你的情。

我们接下来看让价策略。

（1）要小幅度让价，不要大幅让价。客户还价，一般是想探询你的让利幅度。如果你让价幅度很大，则客户会怎么想呢？他们会认为这个价格还有很多水分，客户对价格就会砍得更狠。

（2）要分几次让价，不要一次到底。我们即使把最低价格告诉客户，客户也不会相信，客户只会相信自己一点一点砍下来的价格，才是最低的价格。所以，销售员与客户砍价还价的时候，要分几次让价。

（3）表示实在无权让价。客户可能说"我等着上班呢，你再便宜点"或者"我身上带着钱呢，你到底让不让"。

这时候，销售员要表示出理解，说："我知道您是带着钱的，也知道您有心买，如果能这个价钱卖给您，我早就卖给您了。但是，我实在无权亏本卖给您。"

（4）客户表示要走，暗示同伴让价。客户达不到自己的砍价目的，要么继续磨蹭，要么直接走人。这个时候，如果你旁边有同事，最好示意你的同事上去挽回，比如，使个眼色、打个手势，让这个同事扮演成你的经理，做出少许让步，让客户见好就收。不过，你与同事的表演，千万不能"穿帮"，让客户看出破绽，否则会弄巧成拙。

（5）要等走出五步，不要太早太迟。还价未果，也有客户不肯善罢甘休，甚至做出佯装要走的样子，以试探销售员会不会拉他回去。这时候，销售员往往很矛盾：如果屈服让价，则没法给老板交代；如果不肯让价，则会白白地丢失一个客户。那么我们应该怎么办呢？

如果遇到佯装要走的客户，则销售员不能马上拉他们回来，否则，自己会陷入被动。最好的做法是，一面自信地告诉客户，这个价钱你走到哪里也买不到，一面整理产品柜台，暗示客户"你爱买不买"。但是，你一定要用余光偷窥客户的下肢，数一数看对方走出几步，一步、两步、三步……你不要出声，如果此时他站住不走了，又开口与你讨价还价，则说明他的下意识是确实想购买，你抓住对方的这一个心理，稍微让步就能成交。如果他继续向外走，走到了第五步，你怎么办？你要马上改口软下来说："哎，回来回来，你再加一点钱，好吧？"

为什么要等客户走到第五步，就马上服软改口？如果等客户走出十步，销售员再叫客户行不行呢？一般来说，客户买东西，有时候就是去享受砍价的乐趣，假装要走不过是一个小策略，你不如将计就计给他个台阶。如果客户迈出了你的店，为了面子，他怎么好意思再回来呢？可能客户走到第六步，就开始后悔，"你赶快叫我回去吧"，你若没有及时叫住客户，对方心里会说："算你狠，你怎么不挽留我！"于是，他一跺脚，一咬牙，一去不回头。当然，也有归去来兮者，即出去兜了一圈，没有发现更适合的产品，就一不做二不休厚着脸皮又折回来。但这个时候，客户已经不太可能成为你以后的忠实客户了。

3. 后期砍价堵退路，柳暗花明又一村

最终的后期砍价，往往是最难处理的，客户一般都是希望你再把价格降一降。我建议的处理方法如下。

（1）退步示弱——山重水复疑无路。"真的没有降价空间了。"这样说的目的是告诉客户，自己无权再让价，以防止客户得寸进尺，把双方的讨价还价拖到胶着状态，逼迫客户投降——放弃再砍价。

如果客户退缩，销售员就大功告成；如果客户不依不饶怎么办？销售员只好使用请示领导的"撒手锏"。

（2）请示领导——柳暗花明又一村。遇到客户死缠烂打，我们是否马上请示领导？不，答案是否定的。如果我们此时请示领导，万一领导不给优惠，则他肯定以此为借口不购买；即使领导优惠了，但没有达到他的要求，他也有可能不购买。到头来，销售员既惹怒了领导，又丢掉了生意，两头不讨好。

凡是遇到这种情况，销售员可以这样说："我不敢请示领导！"

然后，销售员停顿片刻，察言观色，等待客户追问："你为什么不敢请示领导？"

销售员说："昨天就遇到一位你这样的客户，他说我请示领导后就买，我只好请示我们经理。我们经理给他优惠了，可他最后却没有买，害得我被领导骂了一顿。你确定今天要买吗？"

客户说："今天买。"

销售员进一步使用提问话术，问："你今天能付款吗？"

客户说:"能付款。"

销售员话术提问:"你确定我请示领导后一定买,不需要再跟家人商量了吗?"

客户说:"确定。"

话已经说到了这个份上,那就请示"领导"吧!拿起你的手机,随便拨个手机号码,装模作样一番请示,其结果自然是"领导同意再优惠多少钱",然后就是开单成交。

这个策略总结为:客户死缠烂打,请示领导出马,担心自己挨骂,防止客户变卦。

(3)得了便宜要卖乖——让客户感觉占了便宜。销售员一面开票,还要一面"卖乖",让客户再吃下一颗定心丸。比如,"我们经理给你这么便宜,你回去得给我们宣传,再给我们带来几个客户。"这样,销售员不仅赚了客户的钱,而且让客户心花怒放,心存感激,这才是"双赢"。

总之,我们在与客户谈价格时,面对客户的还价行为,我们要预留降价空间,从而让客户对还价有"成就感",也让我们在价格上占有主动位置。

拆分报价，降低客户对价格的敏感度

对于你的产品报价，如果客户认为价格高，难以接受，你就可以分解价格，把价格化整为零，让客户从内心减轻来自购买的压力，并感到价格足值。

分解价格的方法，一般是按产品使用时间的长短和计量单位的不同来报价，把看起来较高的价格化整为零，隐藏了价格昂贵的威慑力。这种方法把价格分解成较小的部分，实际上并没有改变客户的实际总支出，却比总报价更容易被人接受。我们来看一个例子。

一位网通公司的销售员在刚落成的一片小区内推销网络服务产品，许多刚入住的居民前来询问。

客户："多少钱能通网啊？"

销售员："安装费是每户300元，网络年费是980元。"

客户："这样太贵了吧！"

销售员："听起来确实有点贵，不过您仔细想想，这个价钱根本不贵。加上安装费，每天就3元钱，上网时间数量无限制，非常划算。如果您觉得年费不合适，还可以选择季度费，每季度400元，还有月费，每月才150元。"

这位销售员第一次报价，容易给人价格比较高的感觉，但接下来，他对价格做了分解，将比较昂贵的网络费用拆分成小单位，消除客户对高价的排斥感，而且还适当地推出了另外两种收费方式。客户只要稍微计算，就能知道哪一种方式更便宜，这样便于顺利完成交易。

可见，分解价格是一个很有必要的销售技巧。在为客户解释价格时，我们对产品价值要使用加法或乘法，对价格要使用减法或除法，这样，可以凸显价值，弱化价格。我们再看一个例子。

我们在为客户介绍一款手机时，可以说："这款手机首先有电话的功能，还有照相机、音乐播放器、手机电视、收音机、上网功能。您只要拿着一部手机，相当于携带了一个多功能机。它的价格虽然贵点，4000元，但您还可以采用分期付款的方式，首付1000元，余下的3000元分20个月还清，每个月还款150元。这样的价位，咱们消费者一般都可以承受得起。"这样一来，我们强调了价值，价格的杀伤力就削弱了。

现实中，有些不懂得使用分解价格方法的销售员，会经常为客户抱怨"价格高"而苦恼。其实，每一种产品的价格，在上市前都是经过认真调研的，客户如果还抱怨"价格高"，就只能说明客户对产品的使用价值还不够了解，或者价格的绝对数确实偏高。对于前者，销售员要为客户多做产品介绍与演示，让客户对价值有一个清晰的认识。客户通常是对价值缺乏理解，才会片面地认为"价格高"。对于后者，我们就要化整为零，把大数化成小数，减轻过高价格对客户视觉与心理上的冲击力。

一辆汽车可能需要一二十万，一套房也需要几十万。假如客户问你这辆汽车或者这套房多少钱，你如果直接把价格的绝对数告诉客户，客户可能会首先考虑自己腰包里的钱是否够，如果不够，自然就容易打消购买的念头。如果你在告诉客户价格的绝对值后，又能及时为客户分解价格，比如"这辆车虽然价格15万，但它好比一个可以移动的家，您有了它，去哪儿都方便了。再者，这15万的价格，您还可以采用分期付款的方式，首付只需将近5万，分10年还清的话，每个月只需还款不到1000元"，这时客户一听，肯定会觉得"价格也不是特别高啊，可以接受"，于是成交就会容易些。

所以，根据实际需要，灵活对价格进行拆分，既可以增加客户数量，还可以增加成交的机会。现在很多商家在销售产品时，在不同程度地使用着分解价格的方法，比如现在常见的分期付款、帮客户拆分价格等。有些汽车4S店，在一些汽车上贴着海报"每天只付30元"等，也是在利用价格分解的技巧。

总之，销售人员可以从产品的效用和客户的需求出发，通过分解价格，将价格化整为零，从而降低客户对价格的敏感度，增加产品的成交率。

价格谈判，先摸清客户底线

有时你会发现，客户对产品的用途感兴趣，和你交谈也比较顺畅，但最终没有购买产品。这是为什么呢？究其根本原因，客户还存在一些关键的问题未获得解答。而这些问题，你没有去询问，客户又没有说出来，由于你没有触及并突破客户的这条心理底线，结果你错失了成交的机会。

在销售中，许多销售员都会遇到客户不愿意坦陈自己真实想法的情况。尽管销售员已经做了很多的工作，也已经了解到客户对产品或服务有一定的需求，甚至这种需求还比较强烈，但出于某种原因，客户就是不愿意向你表明这些需求。这时，如果销售员与客户争论，试图给客户施加压力让其承认自己的需求，则往往会招致客户的反感。

事实上，许多客户在明确了自己的需求后，却不愿意向销售员坦诚相告，这是因为他们仍存在一定顾虑。销售员只有了解到客户心中的顾虑并帮助客户将其打消，才能让沟通变得顺畅起来。那么，客户心中一般会顾虑哪些底线呢？

1. 担心产品的质量

客户对于产品质量产生怀疑，并提出一系列的疑问，往往不是他想要产生对抗的情绪，相反，这说明客户有这方面的需求，而且他们已经开始关心产品了。所以，销售员更应该抓住机会，进一步开展沟通，消除客户对产品的顾虑，然后进入促使成交的最后环节。如果把客户的质疑当成拒绝的信号而放弃努力，则无疑会功亏一篑。

如何来消除客户对产品质量的顾虑呢？我们可以进行现场演示、展示权威机构证明等。比如，我们在为客户讲述汽车时，可以主动打开发动机舱让客户察看，让客户坐进车内，打开CD，让客户亲自感受，必要情况下，安排客户试乘试驾，并且让客户看权威机构的认证。这样一来，客户全方位地了解了产品的性能特点，对汽车质量才会放心。

2. 怀疑公司的可信度

不了解就会产生不信任，在与销售员刚接触的时候，客户往往会由于缺乏对其所在公司的了解而怀疑公司的可信度。因此，销售员要能理解客户的这种心理，毕竟客户在购买前都希望面对的是一家正规、负责任的公司。客户有这种顾虑是正常的，也是常见的，所以销售员要通过一些努力来消除这些顾虑，以便尽快进入沟通的实质阶段。

一般情况下，在与客户接触时，销售员要做到自信而诚恳——对产品表现得有信心，对客户显示出诚恳的态度，耐心地与客户沟通交流。然后,销售员再向客户提供能够证明信誉和实力的有力证据。这些证据可以是公司的相关证书,也可以是某些权威人物的评价等。比如,我们可以给客户讲述公司的发展史,讲述公司完善的售后服务体系,告诉客户我们是一家负责任的公司;展示公司举办的客户联谊会照片、视频等;这些都有助于改善客户对公司的印象。

3. 对具体行情缺乏了解

我们往往会听到客户这样的回答:"我再比较一下,然后做决定",或者"其他公司的产品比你们的产品功能多,而价格却比你们的产品低"等。出现这种情况,一般是因为客户对具体的市场行情还缺乏深入了解。在对市场行情没有一个清晰了解的情况下,客户一般是不会做出购买决定的。

这时,销售员不必要求客户马上决定购买你的产品,而要给客户足够的时间来考虑。当然,这不意味着你就无所事事,静候客户传来成交的佳音。如果这时你能够帮助客户分析、了解市场行情,反倒容易引起客户的好感,打消客户心中的顾虑。这时,你可以主动担当起顾问的角色,站在客户的立场上考虑问题,而不是要急于推销自己的产品,同时在沟通中你要进一步深入了解客户需求,并适时而巧妙地告诉客户,你能够满足其需求,甚至可以在某些方面做得更好。

最后,我们在与客户沟通中,当客户不主动坦诚自己的需求时,千万不要试图采用强硬手段逼迫客户承认,以免引起可能的抵触情绪。

面对讨价还价，多和客户说说产品优势

当客户反映价格高并把注意力聚焦于价格时，销售员应及时把谈话转移到对产品优势的强调上，突出物有所值。这样，客户对价格的关注热度会降温，并返回到自己购买的初衷——对产品使用价值的关注上来。

当销售员还没有把产品能给客户带来的利益讲解清楚时，客户关注的焦点往往在价格上，认为"越便宜越对自己有利"，这时客户往往会质疑价格的合理性。一些缺乏经验的销售员可能会与客户展开拉锯战，纠缠于价格的讨论上。现实中，"讨价还价"，甚至纯粹"为价格来讨论价格"的事情都有。出现这种情况，对销售人员来讲是很不应该的。如果一个销售人员不能让客户看到产品价值以及一些延伸价值，这种销售就是失败的。你应该把谈论重点从价格转移到产品优势上来。我们知道"一分钱一分货"，客户如果真正理解了产品的价值，就会对价格有理性认识。

所以，一些优秀的销售人员往往会避开与客户过多地谈论价格，而是着重谈产品的优势、产品的价值，把价格与价值有机联系起

来，这样，客户才能买得放心。产品具备固有的使用价值，但对客户来讲，很多时候是不能认清产品潜在的使用价值的，这就需要销售员为客户专业化地讲解，让客户认识产品、了解产品、认可产品。

一般情况下，在开始讨论产品和价格的时候，潜在客户都会产生这样的看法：你的价格很高，但是产品价值很低。因为你还没有机会去建立价值，产品的价格看起来和产品的价值不成比例。

这就好比有一大一小两个气球，由一根细线连着。当你遇到潜在客户时，大的那个气球，上面写着"价格"二字；小的那个气球，上面写着"价值"。你谈论哪个气球次数多，哪个气球就变大。如果你一开始谈论的就是价格，价格这个气球就会飞速膨胀，可能还会远远超过价值这个气球。但是，如果你谈论的是价值，价值这个气球就会变大，价格的气球则会缩小。

描述你产品的好处，特别是触动了客户的敏感点时，价值气球就会膨胀，而价格气球会收缩。如果你正确地识别了客户的需求，并且在整个销售陈述中你都是在讲你的产品可以怎么帮助客户解决问题、满足客户的需求，那么在客户心里，价值气球就会远远大于价格气球，客户这时会基于你产品的优点进行购买，而不再是拘泥于价格。

其实，客户并不会害怕购买价格高的商品，否则价格高得超出想象的豪车、价值连城的珠宝首饰，为什么仍然有很多人愿意购买？其实客户真正害怕的并不是价格，而是害怕购买到价值不足的商品。所以我们要先有一个观念，客户所购买的以及他所关注的焦点，大部分是价值，而不是价格。

所以，我们回过头来看一下，我们到底销售了多少价值给客户？当你面对产品时，你是在销售前先赋予这个商品相应的价值，还是急着将商品拿出去销售并且期待成交？在准备不足的状况下，遇到问题就很正常了，因为这本来就是一种本末倒置的做法。

商品的价值升高，可以降低价格上的争议，并强化客户购买的意向，所以价值越高，成交的机会也会越大。不管任何商品，在销售前，销售员都必须站在客户的立场上，以"利他"的方向去思考：商品对客户而言，价值在哪里？哪些价值可以吸引客户？哪些价值可以造成同类商品之间比较的差异性？哪些价值可以当作主要竞争的优势？

除了这些商品上的价值，你自己也可以创造一些价值，以体现产品与服务的独特性。

1. 你所提供的"服务质量"是否无可替换

完善的售后服务体系，可以增强客户购买时的信心。比如你可以对客户说："我们的产品全国联保，质保3年，只要是产品质量，全国每一个维修网点都可以免费维修。这就解决了您在使用时的后顾之忧。"

2. 你所提供的"感受"是否无可替换

你在为客户服务时，你的热情、诚恳、自信等都会给客户留下深刻的印象，而且这些印象甚至会影响到客户对产品的认知上，所以销售员一定要调整好情绪，用你的热情影响客户。

3. 你所提供的"客户至上的态度"是否无可替换

要重视客户的利益与感受，为客户负责。我们初次与客户沟通时，或许会面对客户的不解，但是我们一定要重视客户的观点，并给出客户一个可以信服的解释。

4. 你所提供的"关心客户的态度"是否无可替换

经常与客户保持联络，注重情感沟通，让客户感觉到不管是否购买了你的产品，你都在关心着客户，并尽己所能在帮助着客户。

5. 你所提供的"坚持"是否无可替换

对客户的人性化服务一定要持之以恒，不能"三天打鱼，两天晒网"，要用"坚持"让客户认识到产品以及你的服务的价值。

总之，如果你遇到价格质疑，那么，请把客户对价格的关注热情转移到产品优势以及服务优势上来，从而推动销售的开展。

零风险承诺，让客户安安心心买单

在销售心理学上，有一种心理现象是风险知觉，也就是客户在购买过程中会产生风险意识。如果这些担心不能被有效地克服，客户就不会顺利地购买产品。

其实，客户产生知觉风险后，心中就会有不平衡，为了保持平衡，他自己也会做一些动作来消除知觉风险。这也是销售人员解除客户知觉风险的好机会。那么，我们应该怎么做，才能消除购买风险，满足客户的心理安全感呢？

1. 多提供信息，解除客户的风险知觉

销售心理学揭示出，客户产生风险知觉，在很多时候是由于掌握的信息太少，对产品或服务不太了解。

因此，他会主动寻求更多的信息，为自己的决策提供依据。此时，销售人员如果能够提供更多的客观信息，让客户更多地了解商品和服务，则会减少客户的风险知觉。

2. 依靠品牌，消除客户的风险知觉

当客户产生了风险知觉又无法解除的时候，他会倾向于通过选择品牌来规避风险。因此，推销员如果在推销中强调品牌，会帮助客户克服风险。比如，客户在购买皮鞋时，由于皮鞋价格过高，迟迟不能下决心，这时销售员如果能及时地说："先生，您放心吧，咱这是××牌子的，质量绝对有保证。买双好鞋穿的时间长，总比买双普通的鞋经常坏要合算。"听到这样的话，客户在权衡后，一般会倾向于购买的。

3. 利用从众心理来消除客户的风险知觉

当客户产生风险知觉又无法获得更多信息的时候，他经常选择从众的方式来规避风险，大家都买的东西必然是好东西，这是我们常人的想法。推销员可以运用从众的销售技巧，通过强调很多人购买以及购买后的良好评价，来消除客户的风险知觉。

4. 通过高价来消除客户的风险知觉

当客户产生风险知觉又无法消除的时候，他还会选择高价商品来规避风险，这是因为大家都会认为高价代表着高质量。因此，当客户有风险知觉的时候，推销员不要试图通过降价来消除他的知觉风险，可以适当推销价格高一些的同类商品，来满足客户的心理安全感。

5. 通过销售者的形象来消除客户的风险知觉

在销售心理学上，当客户产生风险知觉的时候，他会通过销售者形象的判断来规避风险。比如，销售者本人光鲜的衣着、使用的高档手机或汽车，或者商店豪华的装修，就会被认为比较可靠。因此，推销员一定要注意自己的外在形象。

通常情况下，客户在第一次购买你的产品时，购买过程都是"小心翼翼"的，他希望采取一个保险的步骤，他希望整个购买行为对自己是绝对有利的。当你吸引来的目标客户非常精准，你的产品质量也是一流的，而且成交主张超级完美，客户也非常喜欢，即使如此，客户也不一定会立即购买。他可能会担心，会害怕，会怀疑，凭什么要相信你呢？产品真的适合自己吗？要是以后出现质量问题该怎么办？你说的和做的如果不一样，该怎么办？……只有消除了影响客户购买的顾虑和风险，让客户购买时有安全感，客户掏钱时才会心甘情愿。

我们接下来介绍一种"零风险承诺"的销售策略。

你有没有胆量告诉客户："我没有资格要你的钱，除非我确定能给你创造10倍的价值。你交钱给我，并不代表你对我价值的认可，而是你愿意给我一个机会，让我一步一步地展示给你看，我所说的一切我都能做到。如果我言行不一，或者你对我有任何的疑问，你就有权利要回你付给我的每一分钱。"

这是非常有威力的方法，这不仅仅是一个姿态，更是让你快速赚钱的一个手段，什么都不用做就会增加你几倍的销售量。有了它，你才能向你的市场、向你的潜在客户非常自豪地宣布：

"我愿意为你的结果承担全部的责任。"

当你提供这么丰厚的承诺时，你有权要求对方去做最基本的尝试。虽然不能要求对方付出太多，但是最起码的要求得有，否则你的零风险承诺就没有意义。把那些非潜在客户直接筛选掉，因为他们本来就不是你的客户，从而使你集中精力服务真正的潜在客户。

还有一点，你的零风险承诺要么做得很彻底、很干净，要么就根本就不要做。糊弄人没有意义，这样做也不可能成功。不要在客户要求退货时采用拖延战术，即使退货率从原来的10%降到只有1%，那也是客户实在不愿和你耗下去了，他们被"烦死了"，自认倒霉。这样的结果，看起来你赢了，实际上你输得很惨，恶果马上就会显现。

当然，对不同的行业，操作是不一样的。零风险承诺并不代表客户购买的所有风险你都全部承担，但至少代表你比任何竞争对手承担的风险都要多，客户承担的风险接近于"零"。竞争对手躲在后面什么都不敢承担，而你站出来承担，就已经可以了，你不需要承担你无法承担的风险。

要记住，"零风险承诺"是成交的一大利器，但不是销售中的第一件武器。你千万不要冲上去说："反正我有零风险，你就买吧。"没有用，因为客户不会轻易信任你。如果你的东西没有价值，即使你做"零风险承诺"，别人也不会购买。

所以你需要先塑造产品价值，当别人想购买你的产品的时候，"零风险承诺"才会在最后关头消除客户所有的疑惑，起到关键作用。

第六章

善于听客户说，无声说服也可以胜有声

在销售员与客户沟通的过程中，倾听是不可或缺的组成部分。倾听可以使你弄清对方的秉性、兴趣和经历，了解到对方在思考什么、真正的意愿是什么，这样，你才能对症下药，有的放矢地解决客户的问题。而且，你竖起耳朵聆听对方说话的样子，看上去很尊重、很重视客户，有利于创造良好的交流氛围。

没有人喜欢喋喋不休的销售员

世界上最伟大的销售员乔·吉拉德曾这样说过:"世界上有两种非常强大的力量,其中之一就是倾听。倾听,至关重要,你倾听越久,对方就越乐意接近你。根据我个人观察,总有些销售员喜欢喋喋不休,所以,他们业绩平平。上帝为什么给了我们两只耳朵一张嘴巴呢?也许,这就是为了让我们多听少说吧!"

王女士准备给6岁的儿子买一套合适的书桌和书柜。她选择了一家全国知名的家具代理商。这天,她来到这家公司的品牌店。

王女士一进门,一名销售员就热情地迎了上来。销售员迫不及待地说:"欢迎光临,一看您就有眼光。本店的家具质量上乘、设计一流、豪华高档,摆放在您的客厅里,一定能大大提升您的品位。"

王女士很有涵养地笑了笑。"谢谢,不过我对这些倒不是很重视。对了,你能给我讲讲这套家具的具体构造吗?"她指着一套家具说。

销售员脸上堆满了笑容,说:"非常乐意为您效劳。这套家具的边角采用的是欧洲复古风格，设计十分独特，还可以当作梳妆台用，非常适合您这样高雅的女士……"

王女士不得不打断销售员的谈话："是这样啊，好像这也不是我最感兴趣的。我比较关心的是……"

销售员紧紧地跟在她的身边，马上就接过了她的话："哦，我知道了，您看看！这套家具采用的都是上乘木料，外面还配置了保护层，我敢保证它的使用寿命绝对在20年以上……"

王女士又一次打断了销售员的话："不好意思，关于这些，我都相信。但是我想你误会了我的意思，我更关心孩子……"

王女士本想说："我更关心这样的家具适合不适合给孩子用。"还没等她说完，销售员就自作聪明地抢过来说："这位女士，这样的担忧，在我们店里，您完全可以省略。我们会为您的家具特别配置一些防护措施，能够避免孩子在上面乱涂乱画。对了，您再看看，这件家具还是一件有价值的收藏品。如果您买全套的话，我们可以给您优惠价。"

王女士实在听不下去了，说："对不起，我想我真的不需要，谢谢你，再见。"

销售产品的过程其实就是与客户沟通的过程。在这个过程中，销售员不要只顾独白，它是一个双向对话的过程，要有一个良好的谈话氛围和融洽的客情关系。这样你与客户才能做到心与心之间的交流，实现价值的传递，从而让客户接受你的产品。在这种状态下，你的产品和客户的要求就像钟表中的两个齿轮一样，会毫无障碍地契合在一起。

所以，在销售的沟通过程中，客户并不只是被动地接受劝说和聆听介绍，他们也要表达自己的意见和要求，也需要得到沟通的另一方——销售员的认真倾听。因此，让客户多说、自己多听是销售沟通中每个业务人员必须学会的技能。

销售员要知道介绍产品的目的是让客户接受，让客户听明白。如果销售员一味地狂轰滥炸式销售，不顾及客户的感受，客户就很可能因为找不到需要的信息而拒绝购买。在营销的过程中，销售员一定要给客户说话的机会。要明白，一个人如果看到自己的倾诉对象在真心且专心地听自己讲话时，他的内心会有一种满足感。在这种满足感的驱使下，他才愿意继续跟你交谈，然后销售产品才有可能继续下去，生意才有可能做成功。

这个世界上没有人愿意被忽视，也就是说，不管是谁，只要是在说话，就希望有人听。而没有人听或者听者没有认真听的时候，说话的人会感到一种极度的不受尊重。所以有效的销售是建立在双向交流的基础上的。对销售员来说，雄辩的口才虽然重要，但学会去聆听，学会了解顾客的想法和感受更重要。

在倾听他人说话时，销售员要做到耳到、眼到、心到，同时在必要的时候还要辅以其他的行为和态度。具体来说，销售员需要掌握以下几种聆听技巧。

第一，注视说话者，保持目光接触，不要东张西望。

第二，单独聆听对方讲话时，身子要稍稍前倾。

第三，在交谈的过程中，要始终保持自然的微笑，表情要随对方谈话内容表现出相应的变化，而且在他人谈话的过程中，要对谈话内容做到恰如其分地点头。

第四，在他人讲话的过程中，不要随意打断，如果要发表意见，就需要等他人把话说完了，才能接口。

第五，需要转移话题时，不能直接来个"峰回路转"，而是要通过巧妙的应答，然后把对方讲话的内容引向所需的方向和层次。

弗洛伊德曾说："如果你能使别人说得足够多，他简直无法掩饰真实的情感或真正的动机。"一旦你十分专注地听，不放过客户的任何一句话，从那些话中探听到隐藏的蛛丝马迹，你就能知道一切你想知道的。

专注倾听,给客户话语权是一种尊重

销售是一个对沟通有极高要求的过程。买卖双方只有沟通好了,心情愉悦了,才能交易成功。而在这一过程中,很明显应该是以客户为主要满足对象的。毕竟,"顾客是上帝"绝不是一句空话。客户想倾诉,想唠叨,你应该怎么做?你只需要专注倾听。专注倾听可以使对方在心理上得到极大满足,这样你的生意才可能做成。

可是在现实的销售过程中,很多销售人员在听客户说话时,总会有这样的表现,即表面上摆出一副倾听的样子,内心却急不可耐地在等待一个让自己说话的机会。他们完全把"倾听"这件好武器给抛弃了,只是把它当成一种形式。

有一位化妆品销售员向一位女顾客销售一款新产品,整个过程都十分顺利,只差最后付款交货了。这时,女顾客向销售员聊起了她的女儿。

女顾客得意地说:"你没见过我女儿,那皮肤才叫水灵,毛孔细,皮肤还很白皙,都不需要搽任何化妆品!"

销售员一边填购物单一边说:"嗯,化妆品还是很重要的,生活必需品。"

"不是,我女儿那皮肤就不需要啦。说到我女儿啊,我真的感到非常骄傲,她从来都不用我操心。"

销售员头也不抬地说:"哦?"

"她呀,小时候成绩就好,年年都是班级第一。从小到现在,得了不知多少个三好学生奖状了!"

"哦……那个,小丽啊,帮我把那支笔拿过来。"销售员冲着一个同事喊。

那位女顾客还在继续说:"现在长大了,更让人省心了,如今她考上了重点大学,已经成为我们家里的骄傲了!"

这时销售员填完了购物单,对女顾客说:"女士,你等一下就拿这张单子去那边收银台付款吧……"

销售员话还没说完,女顾客就打断了他,说:"我考虑了一下,还是决定不要了。"说完,她扔下化妆品就走了,留下销售员目瞪口呆地站在原地。销售员苦思冥想了半天,也没有弄明白,为什么明明已经成交的买卖却瞬间消失了。

其实上例之所以没有成交的原因很简单,当顾客在谈论自己引以为豪的女儿时,销售员并没有认真地听,也没有对此称赞几句,而只顾着低头填写购买单,对客户的话置若罔闻。当客户谈论自认为很重要的事情时,销售员却表现得无动于衷,这会让客户感到自己不受尊重，自然也就不想再和你做买卖了。

所以，销售人员要记住，在交易达成前，客户的每句话，你都要认真倾听，因为从客户的话中，你会发现需求和商机。在交易已经达成后，客户的每句话，你仍然需要认真地去倾听，这不仅是一种礼貌，更是一种职业素养；否则，一旦把客户惹恼了，之前的努力就全都白费了。

另外，有些时候，真诚的倾听还会让你获得意外之喜，让"不是客户的人"都有可能成为你的客户。

有一天，化妆品销售大师玫琳·凯在海边散步。突然，她看到一块岩石上坐着一个女孩，女孩的脸上满是哀怨，还挂着未干的泪痕。

玫琳·凯轻轻地走上前去，问道："你好，我叫玫琳·凯。我能跟你聊聊吗？"

女孩并没有搭理她，仍然一声不吭地坐在那里独自哀伤。

玫琳·凯并没有就此走开，而是很温柔地对她说："虽然你脸上满是忧伤，却依然显得很美丽。你看上去心情非常糟糕，是有什么让你难过的事情吗？你可以把我当成不会说话的大树向我倾诉，我想这比看着忧郁的大海更管用。"

女孩低头想了一会儿，果真向玫琳·凯倾诉起来了，说到伤心处，还流下了眼泪。整整一个小时，玫琳·凯一直在用心地倾听，没有说一句多余的话，只是在适当的时候点点头，并不时地用真诚的眼神鼓励她。

玫琳·凯的真诚倾听和关注，打动了女孩。最后，女孩坦言道："我今天来到海边，原本是想结束自己的生命的。因为我一直深爱的那个人，在得到功名后却抛弃了我。"

玫琳·凯听完，轻轻地拍了拍女孩的肩膀，真诚地鼓励道："别灰心！世界上好男人多得是，你一定能遇到一个有责任心、真心待你的男人。像你这么漂亮、温柔的女孩，连我都非常喜欢，更何况是男人呢？所以你一定要坚强起来。"

女孩非常感激地说："从来没有一个人耐心地听我说这么多话，跟您说完后，我感觉找到了真实的自己。我现在坚信，活下去一定会有希望，一定会美好的。谢谢您！"

从那之后，这个女孩把玫琳·凯当成了良师益友，而且成了她的忠实客户。

玫琳·凯说："听他人诉说痛苦，并给予理解和尊重，就是一种有效的疗伤，不但能帮助他人，而是他人会感激你。"很多时候，虽然安静地聆听显得微不足道，可是对听者来说，却可能会影响他的一生。

因此，作为销售人员，无论对方是不是你的客户，你都要认真地倾听。因为，倾听有时候还会让你获得意外之财。

从倾听中捕捉隐藏的商机

作为销售员,我们在与客户交流时,一定要留意倾听对方说的每一句话。因为有些时候,客户所说的话里会有言外之意,还可能会在无意间透露出一些利于销售的信息。一些看上去无足轻重的话,往往可能会隐藏着商机。

布雷斯是一位非常有抱负的企业家,他独自创办了一本很了不起的《黑人》杂志。有一次,布雷斯突发奇想,想把约翰森无线电公司做成自己的广告客户。于是,他立刻找到该公司总裁尼古拉斯的电话,并打了过去,说:"你好,尼古拉斯先生,我是《黑人》杂志的布雷斯。我希望可以和您面谈,讨论一下贵公司的广告问题。"

尼古拉斯冷冰冰地说:"抱歉,我没时间见你。我没兴趣跟人谈广告,何况我也不主管广告。"随即尼古拉斯就挂断了电话。

布雷斯并没有就此放弃,他想:不管广告?堂堂一个公司总裁,难道有什么是他管不了的吗?怎么样才能让他感兴趣呢?

经过一番调查,布雷斯获知该公司所有大政策都由尼古拉斯决定，包括广告政策。可见，自己并没有找错方向。于是，布雷斯又给尼古拉斯打了一通电话，询问自己能否去拜访他，一起聊聊约翰森公司在黑人领域进行广告宣传的政策。

尼古拉斯无奈地笑了笑，对布雷斯说："我很欣赏你的坚持不懈。我可以见你，但事先声明，一旦你提及那些让我们公司在你杂志上登广告的事，我们的谈话就立刻结束。唉，与其跟你谈无趣的广告，还不如去看汉森的访谈呢！"

布雷斯想：不能谈广告，那谈点什么呢？汉森的访谈又是怎么回事？布雷斯把尼古拉斯的每句话都分析了一遍，然后决定再更深入、全方位地调查一下他。布雷斯细心地察看了尼古拉斯的所有相关资料。他发现尼古拉斯是一个探险爱好者，还曾独自去过北极，而这一举动完全是步汉森的后尘。汉森是一位著名的黑人探险家，出过好几本自传体历险书籍，他曾经到达过北极点。

当知道了尼古拉斯对汉森的喜爱后，布雷斯一下子变得胸有成竹。他派自己的一个追星族手下去找到汉森，请其在刚出版的一本探险集上签了名，然后把当月《黑人》杂志里的一篇随笔撤了下来，换上了一篇介绍汉森的文章。

见面那天，布雷斯拿着签名书和新出的《黑人》杂志走进了尼古拉斯的办公室。跟尼古拉斯打完招呼后，布雷斯径直走向书柜边，指着上面的一双靴子说："尼古拉斯先生，这双靴子可真漂亮呀！"其实他早已经提前打探到：这双靴子是汉森赠送的。

尼古拉斯看着那双靴子，激动地说："嗯，这双雪地靴可是汉森送给我的！他有一本很棒的探险集，你看过没有？"

布雷斯笑着说:"呵呵,正巧看过。看,我这儿就有一本,上面还有汉森专门为您签的名。给!"于是,布雷斯把书递给了激动万分的尼古拉斯。

尼古拉斯一边翻看一边说着:"像汉森这样著名的黑人探险家,你们就应该在杂志上多介绍介绍嘛。"

"的确,您的想法跟我的是一样的!这是我们的最新一期。"布雷斯又把新出的刊登有介绍汉森文章的《黑人》杂志递给了尼古拉斯。

看了那篇介绍汉森的文章后,尼古拉斯变得更加高兴,他兴奋地说:"你们杂志的风格还真是不错嘛!我非常喜欢。"

布雷斯充满憧憬地说:"我创办这本杂志的目的,就是想要介绍一些像汉森那样的勇于克服一切艰难险阻、努力拼搏赢取胜利的人。这样的人,值得人们尊敬!"

听完这些话,尼古拉斯笑着对布雷斯说道:"你知道吗?我现在实在想不出什么理由去拒绝在你们这本杂志上刊登我们公司的广告!"

布雷斯为什么能够拿下尼古拉斯这样一个"难啃的大客户"的广告订单呢?因为,他从尼古拉斯那毫不客气的话里找到了机会,从而投其所好!

所以说,无论什么时候,你都要认真地倾听客户所说的每一句话,因为从中你可以获知客户在想什么,忌讳什么,逃避什么,容易被什么打动,等等。总之,任何你想得到的、想不到的都会从那些话里显露出来,而你只需要认真去听,听明白客户的话外之音,然后按照客户说的去做,那样你才有可能取得成功。

不打断、不插嘴，客户才会喜欢你

培根曾说："打断别人，乱插嘴的人，甚至比发言者更令人讨厌。"打断别人说话是一种最无礼的行为。每个人都会有情不自禁地想表达自己想法的愿望，但如果不去了解别人的感受，不分场合与时机，就去打断别人说话或抢接别人的话头，就会扰乱别人的思路，引起对方的不快，有时甚至会产生误会。

同理，在销售中也不例外。如果在客户说话的时候，我们总是不能安静地听，动不动就想插句话，则只会留不住客户。

维尔丽是一名化妆品销售员，她感到非常苦恼，因为她尽心尽力地销售，客户也很认同她，可是最后客户还是头也不回地走了。她不明白自己到底错在哪里，于是去向乔·吉拉德请教。她苦着脸说："吉拉德先生，我肯定是做错了什么，可是我怎么都想不出来到底是哪里错了。"于是，乔·吉拉德让维尔丽把销售的过程详细说了一遍。

那天，维尔丽在柜台前接待了一位中年妇女，那位女士告诉维尔丽，她想买一瓶保湿露，让维尔丽帮忙推荐一下。

维尔丽很聪明，并没有自作主张地拿出一大堆各式各样的保湿露向这位太太乱推荐，而是先问道："请问您的皮肤是属于干性、中性，还是油性的呢？"

"哦，应该是干性的吧？你帮我看看。"

于是，维尔丽给这位太太鉴定了一下，确定是干性后，便递给她一款防晒保湿露，说道："这款产品非常适合干性皮肤，保湿效果很好。现在又是夏天，它还能适当帮您防晒，一瓶两用。您觉得咋样？"

"还能防晒啊，这个不错，不知道我女儿可不可以用，有没有……"

"对不起，太太，容我插一句。不同年龄层的人，因为肤质不同，使用的化妆品也应不同。如果是买给您女儿的话，还是让她自己来试用比较好。"

"谢谢你，这我知道。我只是想问问，有没有适合年轻人用的这种类型的保湿露？"

"当然有。您知道您女儿是哪种皮肤吗？"

"我没记错的话，她跟我一样。"

"好的。"维尔丽递过来一瓶年轻人用的保湿露，说，"这款非常适合年轻人在夏天使用，滋润但不油腻，很温和。"

"这款的防晒系数能抵挡住高强度的阳光吗？我女儿过段时间可能要去海边，那里的……"

"不好意思，太太，如果是去海边的话，最好再买一款防晒系

第六章 善于听客户说，无声说服也可以胜有声

数更强的防晒霜，这样才能有效抵抗强紫外线。"

"那你给我拿一支吧。"

"给您，这个防晒效果非常好。"维尔丽微笑着说。

"这种防晒霜不会导致皮肤过敏吧？我女儿曾经用过另外一种，结果一晒脸就通红，还有……"

"太太，容我插一句。这一点您完全可以放心，我们这个牌子的质量绝对没问题！我给您包起来吧。"

"不用了，我还是再考虑一下吧。麻烦你了。"这位妇女说完就走了。

乔·吉拉德听完维尔丽的叙述后，说："在整个销售过程中，你确实没有说错任何话，进展也算顺利，客户对产品也比较满意……"

"既然如此，那为什么没有成交呢？"维尔丽着急地问。

"维尔丽，在销售的过程中，你犯了一个致命的错误，我想你根本没有意识到，而且你刚刚又犯了一次。"

"啊，什么错误？"维尔丽惊讶地问道。

"你在销售的过程中，连续打断客户三次。而且你刚刚又打断了我一次。不知你有没有注意到，每次你打断客户的时候，客户一定会有些不高兴，也许还会沉默一会儿。因为你一直在打断她的思路，使得她慢慢失去了倾吐的欲望。这就是你没有成交的原因。"

"天啊，我只是想纠正客户的错误想法！"

"可是你完全可以等客户说完停下时再说嘛！"

倾听客户说话,并不是为了纠正客户的错误,而是为了了解客户、让客户倾吐。销售员要想成功销售,就要做到认真倾听,在客户说话的时候,千万不要三番五次地乱插话。

乔·吉拉德在听客户说话时,总是全身心投入,从来不会因为任何个人因素去打断客户的言谈,他说这是对客户最起码的尊重。他认为不打断客户,认真聆听,努力控制局面,也是为了让客户更好地集中精力说话。如果你频繁打断,客户就没法连贯说话,没法连贯说话就会再也不想说话。而一旦客户不想说话了,那一切就都完了。

适当地回应，让倾听更有效率

关于倾听客户说话，存在着这样一个误区：倾听就是听客户说话，无须进行回应。实际上，沟通需要有来有往，只听不说是难以达成良好的沟通效果的。

对一些客服人员来说，倾听是一件"很容易"的事情，因为对他们来说，倾听就是只听不说，无论客户反映什么问题，或是表达何种需求，这类客服人员总是默默地听着，始终不会给客户任何回应。这种做法会让客户陷入自说自话的尴尬境地，产生不受尊重的感觉。

既然是沟通，就应该你有来言，我有去语，通过交流深入地了解问题的根源所在，进而更加有效地处理存在的问题。当然，客服人员也要把握好一定的尺度，既要保证客户可以顺畅地表达自己的想法，又要在适当的时候通过动作、表情、语言等进行回应。

赵磊刚刚买了一套房子，想要装修一下，于是他来到一家装饰公司，想找个设计师给自己做一份装修设计。

接待员：先生，您好！欢迎光临！请问有什么可以帮您的？

赵磊：是这样的，我想装修一下房子，你们的设计师能不能先给做一份设计图纸看看？

接待员：这个当然可以了。您稍等一下，我帮您联系一下设计师。

赵磊：好的。

（接待员打电话和设计师联系之后，回到了赵磊面前）

接待员：您好！先生，我们的设计师正在装修现场，暂时无法回来。我对设计也略知一二，如果您不介意，可以先跟我说一下您对设计方面的要求。

赵磊：好的，那我就大致说一下我的想法。

接待员：您请讲。

赵磊：我想要一个欧式的风格，给人一种高雅的感觉……

（接待员闷头记录）

赵磊：嗯，家具要嵌入式的，能节省一些空间……

（接待员接着闷头记录）

赵磊：客厅里要有一个吧台的设计，这样方便我和朋友喝酒……

（接待员继续闷头记录）

赵磊：餐厅要开放式的，但是又要给人一种相对独立的感觉……

（接待员依然闷头记录）

赵磊：我觉得我应该换一家装饰公司，那样或许我能得到一些有用的建议。

接待员：哎，别啊，先生……

第六章 善于听客户说，无声说服也可以胜有声

赵磊来到了另一家装饰公司，希望能遇到一位更加负责的设计师。

接待员：先生，您好！欢迎光临！请问有什么可以帮您的？

赵磊：我新买了一套房子，需要装修一下，想找一位设计师帮我做一份设计图纸，先看看装修效果。

接待员：这个当然没问题。您稍等一下，我帮您联系一下设计师。

赵磊：好的。

（接待员打电话和设计师联系之后，回到了赵磊面前）

接待员：您好！先生，我们的设计师正在装修现场，他现在立刻赶回来。您得稍微等一下。如果您愿意，可以先跟我说一下您对设计方面有什么要求，这样可以节约一些您的时间。

赵磊：好的，那我就大致说一下我的想法。

接待员：您请讲。

赵磊：我想要那种欧式风格的设计，给人一种高雅的感觉。

接待员：欧式风格最近确实很流行，您这个想法不错。

赵磊：家具呢，我想要嵌入式的，这样能节省一些空间，因为我家的面积不是很大。

接待员：这个想法也可以，设计师会根据实际情况进行设计的。

赵磊：关于客厅的部分呢，我想要在合适的位置设计一个吧台，这样方便我和朋友们喝酒、聊天。

接待员：这个设计也可以做，而且可以在吧台的位置做一个音响的设计，这样可以边听音乐边喝酒，感觉应该不错。

赵磊：嗯，你这个建议不错，我之前都没有想到。等设计师到我家的时候，可以让他认真考虑一下。

接待员：设计师肯定会尽量考虑周全的，这点您可以放心。

赵磊：你们这里的服务还不错，就请你们的设计师为我设计吧！

为了寻找设计师，赵磊先后去了两家装饰公司，两位接待员以不同的倾听方式与赵磊进行交流，结果让赵磊产生了迥异的反应，最终他舍弃前者，接受后者。我们从中不难看出，案例1中的接待员只听不说的方式并不是正确的倾听，而是一种不负责任的沟通方式；案例2中的接待员则通过适时的回应，让赵磊得到积极的反馈，进而产生了良好的沟通效果。

沟通是相互交流想法的过程，如果客服人员只是一味地倾听，而不给予客户应有的回应，就会很容易让客户产生不被重视的感觉。当客户来到店里的时候，他希望可以得到一些专业性的建议，一旦这种愿望无法得到满足，他难免会感觉失望，从而对客服人员产生反感。从这个角度上说，客服人员一定要适时回应客户，这才是善于倾听的表现。

第七章

客户有顾虑，耐心解说才会收获诚心

即便销售员伶牙俐齿，客户在购买产品之前，也会产生一些顾虑。比如，产品是不是像你说的这么好，价格是不是合适，等等，都会影响客户做出购买的决定。因此，只有完全消除客户的这些顾虑，成交才有可能。这个过程不仅考验销售员的心态，更考验销售员应对质疑的能力。本章将告诉你具体的方法与策略。

面对质量质疑,不妨拿品牌说事

俗话说:"一分钱,一分货。"由此,我们不难看出价格和质量之间存在着十分密切的关系,好的品质自然需要较高的价格来与之匹配。这也难怪有些人会直接将质量和价格联系在一起,认为价格高的就是质量优良的,价格低的就是质量低劣的。有些人甚至认为,要做到"物美"就很难做到"价廉",要保证"价廉"就不易保证"物美"。

事实真的如此吗?当然不是!随着科技的发展和进步,我们的生活正变得越来越便捷,各种各样的网上商店如雨后春笋般冒了出来。与实体店相比,网店由于省去了运输、店面、仓储、人工等方面的费用,所以成本有所下降,价格比实体店低一些是非常正常的事情。另外,由于促销、清仓、换季之类的原因,产品的价格也会随之降低。类似这样的原因造成的低价,并非产品质量不行,而是商家销售方式改变的结果。

销售员如果可以从价格低廉的本质上入手,让客户知道产品是物美价廉的,客户就会产生很强烈的购买欲望。

第七章 客户有顾虑，耐心解说才会收获诚心

小林：您好！不知有什么可以帮您的？

客户：我想买双篮球鞋，不知道有没有合适的可以推荐给我？

小林：现在我们家的鞋子有一款卖得非常火爆，您可以看一下。

（说完，小林便将鞋子的链接发给了客户）

客户：我看了一下，从介绍的内容来看，还算不错，减震之类的功能我也很满意。只不过，这鞋子为什么这么便宜？不会是残次品吧？

小林：这个您尽管放心，我们是专卖店，都是从厂家直接拿货的，质量没有问题。

客户：那为什么比商场里卖得还便宜呢？

小林：我们在网上销售，节约了在商场的租金，也节约了售货员的费用，其他一些实体店需要的费用，我们也都省下来了，所以我们的经营成本相对低一些，价格自然也跟着低一些。说白了，就是节约了中间环节的费用，然后让顾客得到实惠。虽然我们的价格低，但是鞋子绝对是正品，不会有问题，您可以通过厂家的售后服务热线或是扫码进行查询。如果鞋子出现质量问题，您可以退货，邮寄的费用由我们负责。

客户：既然你说得这么肯定，我就相信你。希望不会让我失望。

小林：您尽管放心，质量上绝对不会让您失望的，我们这里都是原厂生产的产品。

面对客户因价格低而产生的对质量的质疑，小林从根本上分析和解释了价格低的原因，客户不仅得到了想要的答案，而且感觉自

己得到了实实在在的利益,这是一种非常聪明的应答方式,令客户倍感满意。

很多情况下,客户对产品的质量提出质疑,因为他们希望自己购买的产品能够有质量保证,在得到销售员的肯定答复之后,他们购买的决心才能更坚定。

对销售员来说,产品质量是很难描述出来的,这时候,销售员可以借助品牌的口碑去消除客户的疑虑,告诉客户自己的产品多么可靠、多么受欢迎,从侧面表明产品质量可靠。毕竟,如果质量不好,肯定就不会获得那么多人的认可,从某种意义上说,产品的口碑就是质量好的最佳证据。

介绍产品的流行元素，甩掉过时的帽子

在购买产品的时候，很多客户会将流行、时尚作为考虑的因素之一。尤其是在购买服装、鞋子、帽子等穿戴用品时，他们更会将是不是紧跟潮流当作重要的评判标准。

在与客户进行沟通的时候，销售员常常会遇到类似的问题，能否顺利地消除客户的这种顾虑，是衡量销售员是否优秀的重要标准之一。

客户：我看你们店里的促销活动很多啊，是不是去年的产品要清仓了？

销售员：我们店里的产品都是今年的新品，并不是要清仓。

客户：这款空调促销力度这么大，也是今年的新款？

销售员：是的。

客户：那我就有些搞不懂了，为什么价格这么低？

销售员：您有所不知，下个月是我们店开业三周年，现在的活动是为店庆预热呢！

客户：哦，这样啊，那我就等下个月再来买。

销售员：这款空调是我们为了回馈新老客户推出的低价机，数量有限，卖完为止。要是一直卖这么低的价格，我们可是承受不起啊！

客户：说得也是，那好吧，我先买一台，正好家里的新房要装。

当客户质疑产品是去年的旧货，已经过时的时候，销售员用店庆来解释其中的缘由，产生了很高的可信度，促使客户做出了购买空调的决定。

客户：我看你家店铺在做活动，鞋子的价格都降了很多啊！

销售员：是的，我们现在有促销活动，购买鞋子很划算哟！

客户：我确实很想买双鞋子，可是我大致看了一下，发现有几双鞋子和我前年买的是一样的款式啊！

销售员：我们的鞋子都是今年的新款，应该不会出现您说的这种情况。能不能麻烦您把链接给我发一下，我看一下是不是用错了图片。谢谢您了！

（客户把链接发给了销售员，销售员仔细对照了一下）

销售员：亲，再次感谢您哟！一看就知道您是我们家的老客户，一直关注我们的鞋子。这几款鞋子确实和前年的款式有些像，但是并不一样。今年的鞋子，我们融入了矮跟、漆皮、红色等流行元素，请放心，穿出去一定是非常流行的。

客户：仔细一看，还真的是有所不同，那我就可以放心购买了。

> 销售员：谢谢惠顾，欢迎您下次光临。

在这个案例中，客户自己的疏忽是她误认为鞋子过时的原因所在，但是销售员并没有妄下结论，而是经过核实后才道出了真相。这种做法既维护了客户的面子，又消除了客户的质疑，可见销售员是一个十分优秀的销售员。

客户对于产品过时的担心，源于他们害怕产品已经被市场淘汰，唯恐自己跟不上潮流的脚步。对于这种追求时尚的客户，销售员只要指出产品中的流行元素，客户就会很容易被说服，之前的顾虑瞬间就会烟消云散。

从品牌内涵说起，建立客户的认可度

对于陌生品牌的商品，客户往往会产生一定的质疑，怀疑商家卖的不是正牌商品或是认为品牌的可信度不高，这个时候，销售员就需要通过自己的智慧去消除客户的疑虑。从某种意义上说，销售员能否将客户的疑虑消除，决定着客户是否会做出购买的决定。

无论是何种品牌，以何种方式经营，都是一种发展的模式，或许暂时无法获得认可，但是经过长期的积累，相信它也可以形成自己的客户群体。

销售员不该将客户的质疑视作发展的阻碍，而是应该将它视作前进的动力，视作获取成功的垫脚石。要知道，客户对品牌的不信任，源于他们对产品的不了解，如果可以通过自己的努力去赢得客户的信任，那么品牌的生命力将会变得更加强大。

客户：你们店里的包是正规厂家生产的吗？怎么都没听说过？

销售员：我们是正规厂家，只是创立时间不长，所以很多人还不太熟悉。

第七章 客户有顾虑，耐心解说才会收获诚心

客户：新创立的品牌啊，那质量方面有保证吗？

销售员：这个您尽管放心，虽然知名度不太高，但是质量肯定有保障，我们的宗旨就是"以质量求发展"。

客户：以前也没买过这个牌子的包，还卖得这么便宜，总觉得不太放心啊！

销售员：我们正在推广品牌，所以才低价销售，如果我们的品牌知名度很高，就肯定不是这个价格了。

客户：这倒是实话，要是价格跟大品牌一样，恐怕也没人买了。

销售员：是啊，我们就是薄利多销，想扩大知名度，但是质量是没有问题的，我们的包终身保修，您可以放心使用。如果对质量没有信心，我们也不敢做出这样的承诺，您说呢？

客户：说得倒是在理。那好，我买一个试试看。

销售员：选择我们，绝对不会让您后悔。欢迎您下次光临。

销售员遇到的客户，大部分都会对品牌的可信度产生怀疑，这是因为品牌刚刚创立不久，知名度不高。即便物美价廉的东西，人们也不愿轻易相信销售员的宣传。实际上，任何一个品牌的成长都需要一个周期，从创立到变成名牌，要经过市场的不断洗礼，随着客户认可程度的不断提升，品牌的可信度也逐渐提高。

对销售员来说，这是一个很大的挑战，但是只要能够抓住客户的心理，从他们关注的焦点入手，就可以让他们做出购买的决定。相对而言，销售新品牌的产品会困难一些，但是这个过程对销售员的锻炼也更多一些，有助于销售员提升能力，更快地成长。

担心档次不够高,多说产品的与众不同之处

一些购买力较强的客户,往往十分关注产品的档次,对他们来说,只要档次够高,价格就不是问题。所以,在购买产品的时候,他们往往会认真审视自己想要购买的产品,并对产品是否够档次产生怀疑。

对于这类客户,销售员应该在产品档次上下足功夫,着重突出自己的产品在同类产品中的高端品位,以及产品的与众不同之处,相信可以赢得客户的青睐,最终达成交易。

销售员:您好!请问有什么可以帮您的?

客户:我想买个耳机,可是不知道哪种好。

销售员:您主要在什么场合用呢?

客户:我喜欢运动,想在运动的时候听听歌。

销售员:那我建议您买一款无线运动耳机,听歌、运动两不误。

客户:我也这样觉得。你给我推荐一款吧!

销售员:好的。我觉得这款不错,您可以看一下。

客户:看起来档次不是很高啊,感觉材质不好,摸起来不顺滑。

第七章 客户有顾虑，耐心解说才会收获诚心

销售员：运动的时候容易出汗，所以这款耳机才做成了磨砂款。耳机的材质是国外进口的，对皮肤绝对安全，没有伤害。另外，这款耳机还做了防水处理，以免汗水损害耳机，而且防水等级比同类型产品高出很多，出汗再多都不怕。

客户：这么说这个耳机还挺先进的？

销售员：至少目前来说是处于领先地位的。这款耳机的大部分配件都是进口的，质量可靠，音质优良，您用这款耳机，一定会有不一样的听觉体验。您可以先试听一下，亲身感受一下。

客户：好，那我试听一下。

销售员：感觉怎么样？

客户：音质不错，用着也很舒适。给我来一个吧！

当客户因材质问题对耳机产生怀疑的时候，销售员及时进行了合理的解释，并向客户介绍了这款耳机优于同类型产品之处，客户试听之后，发现销售员所言不虚，因此下定了购买的决心。

产品档次的高低，对某些客户来说具有十分重要的意义。对这类客户来说，产品的实用性只是衡量标准之一，较高的档次才是他们追求的目标。只有较高的档次，才能彰显出他们与众不同的身份和地位，才能表现出他们的与众不同之处，才能让他们成为人群中的焦点。

销售员只要紧紧抓住客户的这种心理，向他们展示产品的高端品质，让客户感受到产品确实能够提升他们的形象，交易的达成就是水到渠成的事情。

担心售后差,给出具体措施让客户安心

一般情况下,客户在做出购买决定之前,除了关心产品的质量、流行程度、品牌可信度及档次等问题,还会对售后服务表现出相当的关注度。毕竟,产品在使用的过程中可能会出现问题,如果商家无法提供良好的售后服务,那么客户购买的产品就可能会变成一堆废物,对客户来说,这显然是一种极大的浪费。

与客户进行沟通的时候,销售员应该将售后方面的规定认真而细致地跟客户说清楚,尽量消除客户对售后服务的担心,以自己的信誉赢得客户的信任,这样可以促使客户做出购买的决定,进而完成交易。

需要注意的是,当客户询问与售后服务相关的问题时,销售员不应笼统地一带而过,以"和其他商家的一样"或是"按照国家规定提供售后服务"之类的话来回答客户。这类回答会让客户觉得你是在敷衍了事,并不是真心想要为他们提供优质的服务。

想要得到客户的认可,让他们放心购买产品,就应该详细介绍售后服务的保障措施及解决问题的有效方案。具体而言,应该

做到以下三点。

1. 阐明售后服务的范围

当客户问起售后服务方面的问题时，销售员应该首先阐明售后服务的范围。比如，你可以这样回答："我们的产品是经过市场考验的，受到了众多消费者的欢迎。在售后服务方面，我们实行三包服务，如果质量方面存在问题，我们可以给您办理退货，而且邮费由我们负责。您只要保留好相关的凭证就可以了。"

2. 用事实说话，真实的事例可以让客户更放心

人们常说"事实胜于雄辩"，即便销售员的口才了得，也不及摆在眼前的事实更具说服力。所以，当客户质疑售后服务时，你可以用事实说服对方："我们的售后服务如何，其实很多客户都有亲身的体验，正是他们的口口相传，才造就了我们产品的良好口碑。我并不是夸耀我们售后服务好，只是实事求是地向您展示我们售后服务的状态而已。"

3. 介绍要全面而周到

除了以上两点，在向客户介绍售后服务的相关内容时，还要努力做到全面而周到。你为客户多考虑一点，他就会对你多一点认可和信任。比如，你可以这样说："我们的产品都附有售后服务卡，您可以从上面看到您所享有的权利。上面还有我们的客服电话，如果有什么不理解的，您可以随时打电话咨询我们。另外，即便是超

出了售后服务范围,只要是我们可以帮您处理的问题,我们会竭尽全力去做。"

要知道,一旦客户开始关心售后服务的问题,就说明他们已经做好了达成交易的准备。可以说,这个时候正是达成交易的关键时刻,只要销售员能够给出令客户满意的答复,客户就会彻底放下心来,并以坚定的态度完成这笔交易。

从某种意义上说,售后服务的顾虑是客户的最后一道心理防线,如果能在这个环节上赢得客户的认可和支持,则不仅可以赢得眼前的这一笔交易,还能为之后的长期往来奠定坚实的基础。

第八章

被拒绝是常事,懂得说服,成交就不是难事

做销售,是从被拒绝开始的。因此,想要做好销售,你就要敢于面对销售过程中的各种挫折和失败,敢于正视客户的拒绝,并将客户的拒绝转化为不断磨炼自己的动力,努力提高自身的素质,提高自身的销售技能,掌握化解客户拒绝的种种方法,等等。如此,你才会成为一个优秀的销售员。

客户说"没时间",你要怎么办

我们在销售中,有时会听客户说"我比较忙,没时间"。这时,我们应该怎么办呢?

客户说"没时间"是一个带有普遍性的现象,这只是一个借口,明显是在敷衍,问题的关键不在于有没有时间,而是在于有没有必要安排这个时间。当然,也不排除客户当时确实没时间。

在听到客户说"没时间"时,我们要明了客户说这句话的含义。因为客户的拒绝往往不是单一的,而是一系列的。销售员要充分做好遭到客户拒绝时的心理准备。面对客户的拒绝,销售员要有足够的耐心为客户解释。有耐心,才会有希望。

所以,我们在见到客户时,要清晰地介绍自己,让客户在最短时间内知道我们能提供给对方什么样的超值服务。如果客户真的没有时间,那么我们不妨礼貌地说再见,不要死缠烂打,以免引起客户的反感。

人的思想是最活跃的,随时都可能变化。当客户答应约见时,一定要及时与客户确定产品介绍的时间,避免客户改变主意。

我们接下来看某管理咨询公司的销售人员在推销课程时的案例。

销售员：王总，您好！我是某管理咨询公司的小刘，请问您现在方便接电话吗？

客户：有什么事吗？

销售员：是这样的，我们应当地企业界朋友的邀请，星期三下午将在A酒店贵宾楼举办一个企业人才经营战略的总裁培训研讨会，内容是如何打造企业的精英团队，即选人、育人、留人的策略以及如何保障企业的核心竞争力，这可以让您日后的工作更省时省力。每家企业最多只有两个名额，您看我们是为您预留一个还是两个呢？

客户：哦，你先把资料发过来我看看！

销售员：好的，王总！我这里有一份邀请函，稍后给您E-mail过去，上面有具体的开始时间、地点以及内容介绍，我们现场还会有更详细的资料。

客户：培训内容具体都有什么呢？

销售员：我们的培训内容主要是如何打造企业的精英团队，即如何保持企业的核心竞争力，如，企业在创业时如何培育人才，企业在发展时期如何留住人才，企业在成熟时如何引进新的人才等。

客户：哦，这样吧，我派人到时过去吧。

销售员：您或许很忙，我能理解，但我们这次研讨会针对的都是企业董事长、总裁、总经理。首先，为了保证研讨会的品质，我们不接待其他人员；其次，我们这里探讨的话题都是针对像您这样的企业高层领导的。我相信，您抽几个小时的时间来与我们的专家和其他的企业高层领导交流一下，一定会有新的收获。

客户：你们要收费吗？收多少钱？

销售员：这次学习是免费的，您只要和其他几十位企业家一起分摊大酒店的场地费用就可以了，每人198元。

客户：可是，我很忙，没有时间。

销售员：是的，我知道您很忙。作为企业的老总，您每天一定会有很多重要的事情需要处理。

本次总裁研讨会讲的就是如何让您用最短的时间、最少的精力把公司经营得最好。王总，这么好的机会，我想您一定舍不得错过，您说呢？您看我是为您留一个还是两个座席呢？

客户：你说的我知道，但是我的确没有时间，等以后有机会吧。

销售员：哦，那真是太遗憾了，不过没有关系，等下次有这样的机会，我一定会第一时间通知您，好让您能够提前安排时间。

所以，当听到客户说"没时间"的时候，我们一定不要立即打退堂鼓，认为这个客户真的"没时间"。因为我们发现，客户在面对一个陌生人邀请自己参加一个不了解、不熟悉的活动时，一般都会惯性地说"没时间"。可见，我们平时听到客户说"没时间"，很多情况下，都是客户一种惯性力的作用。

那么怎样让客户说"没时间"变成"有时间"呢？我们看这样几个应对客户"没时间"的方法。

1. "没时间"，到底是指什么时候没时间

如果你想去拜访客户，客户直接回复"没时间"，你就可以了解一下客户是什么时候没有时间。正常情况下，一个人不可能什么

时候都没有时间,只能是特定的时候被其他事占用了时间,所以对销售员的事情才没有时间。如果客户说"星期三没时间",那么你可以说"星期四是否方便",客户总有个时间是方便的。问出客户"有时间"后,你还可以再与客户约定具体什么时候去拜访,以及这个拜访大概会持续多长时间,便于客户安排好自己的时间,客户也会觉得你是个做事负责任的人。

2. 你介绍清楚自己和产品了吗

如果你遇到客户说"没时间",那么,你可以问一下自己:"客户了解我是谁和我要推销的是什么产品了吗?"如果客户对你和你推销的产品都不了解,客户又怎会放心地让你来拜访他呢?所以,你一定要简明扼要地把你和你产品的信息传递给客户。

3. 如何让客户感到和你谈话是有价值的

客户的"没时间"是相对而言的,是价值比较后的结果。试想,如果你能给客户带来巨大的收益和好处,客户还会说"没时间"吗?所以,你要让客户感觉到,与你见面、了解你的产品,对客户是有价值甚至有很大价值的,这种情况下,即使客户手头还有其他一些事情,他也会优先与你约见。

所以,客户说"没时间"并不可怕,这不过是客户惯性的说法,相信你一定会让客户从"没时间"很快转化为"有时间"。

客户说"做不了主",你该找谁

我们在销售中,有时会听到客户说"购买这个产品,我做不了主",这并不意味着成交无法进行。客户说"做不了主",可能是真做不了主,也可能是需要请示别人才能做主,还可能是作为拒绝销售员的借口等,我们要认真分析内在的原因。

日本曾有位推销专家对378个客户做了一项调查,调查中询问的问题是:"销售员访问你时,你为什么拒绝他们?"结果显示,70%的人都没有什么明确的拒绝理由,只是单纯地反感销售员的打扰,随便找个借口将其打发,可以说拒绝推销的人中有2/3以上是在说谎。可以说,销售是不断地与"拒绝"打交道,真正战胜种种拒绝的人,才称得上是销售高手。

要成功地战胜拒绝,就要知己知彼。知己,就是要知道产品的优劣点及自己的各种情况,并在工作中适当发挥;知彼,就是要了解客户会怎样拒绝、为什么拒绝,他的需要和困难是什么。销售员掌握了这些推销规律和技巧就不会再怕客户的拒绝。

有些销售员不善于总结被客户拒绝的经验与教训,盲目地认为

"我销售的产品物美价廉,客户肯定会一见了就喜欢"等,他们根本没有接受拒绝的心理准备,结果一开始便被客户的"拒绝"打得措手不及,仓皇而逃。

所以,客户的话要重视,但客户的话又不能全信,因为销售谈判,也是一个交易双方内在心理博弈的过程。

客户跟你说"做不了主",这里隐含两个意思。一个是客户真做不了主,你还没有找到决策者。这时,你要询问对方有决策权的人是谁,并与决策者进行有效联系。

汽车4S店内,客户李先生看完车后,对车子表示很满意,与销售员小赵也谈得很融洽。当小赵询问李先生能否当天订车时,李先生说:"我还做不了主。"小赵经过进一步询问,得知李先生需要请示太太后才能决定是否购买。

于是,小赵诚恳地邀请李先生和太太下次一起来看车与试乘试驾,并和李先生约定了下次见面的时间。李先生与太太一起都看过车后,均表示满意,于是小赵把这辆车顺利地销售了出去。可见,当客户说"做不了主"时,有效挖掘出重要的决策者,有助于实现成交。

客户说"做不了主"的另一个含义是,对方其实能做了主,只是想以此为借口拒绝你。那么这时,我们需要找出客户拒绝我们的原因:你把自己的身份与来意介绍清楚了吗?你确认过对方是你要找的人了吗?你是否洞悉了对方的顾虑,并予以解决?如果对方没有了顾虑,而且你推销的产品确实是对方所需要的,对方又具备支付能力,那么客户还会说"做不了主"吗?

我们来看下面的案例。

小刘是一个保健品销售员。她所在的公司主要做会议营销。一天,她带着自己的客户——老张夫妇一起参加营销会场。

会场上的保健专家课讲得很好,台下的听众也很喜欢听,对产品的疗效也很满意。在确定签单意向时,老张告诉小刘自己做不了主,需要征求老伴的意见。

小刘在与老张夫妇接触时,发现老张健谈,而他的老伴却不太爱说话,具有购买决策权的应该是老张。

于是,小刘很坦诚地对老张说:"张大爷,刚才养生专家讲的课,您和大婶都能听懂吧?我们知道,养生关键是要体疗、食疗、心疗,但也不能完全忽视保健品的作用。尤其对于上了年纪的人,服用咱们的保健品,可以有效软化血管、降低血压、血糖等,咱们的保健品获得了国家批准以及保健品协会推荐,实际疗效显著,我们在会上也看到了一些老客户现场讲说。购买了咱们的保健品后,您和大婶都可以服用,健康是您两位共同的心愿,在健康这个问题上,您就是做一次主,大婶也不会反对吧?您说是吧,大婶?再者,咱们现在是促销期,购买有优惠,而且价格定得也合理。如果错过今天,以后再买,可能就享受不到这样的优惠幅度了。"

老张听后,与老伴商议了一下,便从小刘那儿购买了5个疗程的产品。

第八章 被拒绝是常事，懂得说服，成交就不是难事

在这个案例中，客户老张其实在购买行为中有很大决策权的，之所以说"自己做不了主"，是因为销售员的介绍还没有打动自己。他意识到产品的价值时，还是以他为主导选择了购买。

可见，客户说"做不了主"，不意味着我们与客户的沟通前功尽弃。我们可以通过客户拒绝所隐藏的含义，来确定面前的人是否有购买的决策权。如果对方不具有购买的决策权，销售员就应该想办法弄清谁是起决定作用的人，然后再与有购买决策权的人进行沟通。如果对方拥有决策权，那么导致对方说"做不了主"的真正原因又是什么？了解清楚对方迟疑的真正原因后，销售员再对症下药地加以解决。销售员必须要有耐心，不要逼迫客户马上做出决定，而要通过自己真诚和良好的服务去赢得客户的信任。

因此，客户说"做不了主"，并不意味着销售结束，你需要判断客户说这句话背后的真实原因。或许，这个拒绝，才是成交的真正开始。

客户说"去别家看看",如何进行挽留

当你满怀信心地向客户进行了推销,而且还向对方说明了购买的各种好处,但客户不冷不热地抛出一句:"我想再到别家去看看。"因为客户一般都是希望货比三家后,才认为做出购买决定是明智的,即使他眼前的产品是最适合的。但这对你来说,可能意味着失去一单生意。这时,你该说什么才能挽留客户呢?

有些销售员可能会说:"既然客户要去别家再看看,那么就让对方去吧。"其实,客户说"去别家再看看",也是隐含了一些意思,需要销售员去用心挖掘。客户说"去别家看看"一般都有哪些含义呢?我们从下面几点来分析。

1. 客户以此要挟你让利降价

有时,客户看中了一些商品,但对价格不太满意,希望你能够再便宜些,而你表示价格已经到最低,不能再便宜了,对方可能会说:"那好吧,我去别家再看看。"

这个时候,如果你确实还能再把价格降低些,仍有利可赚,便

不妨对客户察言观色。若发现对方确实诚心想买，则可以为对方再降低一些，并告诉对方"就当是不挣钱，交个朋友"，这样对方会觉得自己有面子、有魅力，便于实现成交。

如果你感觉价格确实不能再降了，则你可以坦诚地告诉对方："这个价钱是最低了，到哪儿都是一样的。我们聊了这么长时间，能再降肯定会再降的，没必要为这一点折扣失去一个客户。"这时客户可能也会想：是啊，人家已经降了这么多，又谈了这么长时间，这个人又还不错，也不必过于在意那一点钱。于是，他就会与你达成交易。

2. 客户对你的介绍不够满意

可能是你没有有效把握住客户的需求，客户对你的沟通质量不够满意，想到别家再看看。这就需要你平时多练习自己的沟通技能。

3. 你的产品真的不能满足客户需求

如果客户看了你的产品后，发现你的产品确实不适合自己的需求特点，而这一点，你也发现了，你就不要再强使客户为难地购买你的产品，因为从根本上来说，我们做销售，是把对的产品卖给对的人。

如果我们凭借"忽悠"，诱使客户购买了我们的产品，则这种交易不会长久。客户日后明白自己买错了产品，会迁怒于我们，从而让我们永久地失去一位或者更多客户。所以在这种情况下，我们可以主动为客户推荐一些不错的、能满足客户需求的商家,毕竟"买卖不成仁义在"。

我们看下面的一个案例。

王先生需要买一部新手机。他来到一个手机专卖柜前,在听完销售人员的介绍后,他并未购买,而表示想再到别处看看。

销售员:王先生,很多从我这里购买手机的客户也都和您一样,希望在购买前货比三家。您肯定也想买一部高性价比的手机,是吗?

王先生:是的。

销售员:请问您希望在哪些方面进行比较呢?

王先生:(无论他说什么,他说的第一项和第二项都应该是他拒绝的真正原因,除非他是为了敷衍你)

销售员:在您对其他品牌的手机进行比较(列出所比较的各项内容)后,如果发现我们的这款手机是最适合您的,您就会从我们这里购买。对吧,王先生?

王先生:是的。

(现在可以对客户展开"攻势"了)

销售员:王先生,为了节省客户的时间,我这里有一张产品对比表,上面列出了我们这款手机几个主要竞品的配置、服务和价格的比较情况,您可以参考一下(一一指出你的产品在各方面所具备的优势,尤其是客户关注的方面)。

销售员:王先生,您现在有没有决定什么时候购买?

(注意:现在,王先生一定会为你所做的充分准备而感到吃惊,同时他也会发现不得不做决定了,否则就得讲出拒绝的原因)

一张关于本品与竞品的对比表，可以促使潜在客户现在就购买，而不是先比较一下再说。我们去汽车4S店看车时，可能会发现店内张贴了本品牌的汽车与其他品牌的对应车型的对比表格（包括配置、油耗、价格、动力性能、保质期等），其目的也是增加成交的机会。

客户可能会说："我不想麻烦你去做这些。"你可以说："您的决定对我来说很重要。我不介意做这些，这能够给我一个机会，让我进一步确认我们的产品确实适合您的需求。"这时，客户一般也不好意思再拒绝了。

然后，你再鼓起勇气问客户："您是想现在买还是等比较结果出来后再买呢？"这种情况下，如果你与客户已经建立起某种程度上的信任关系，客户又看你说得合情合理，他一般就会接受。不过也有些客户可能仍会执意去别的商家再看看，但对方去后，如果发现和你说的一样，他就会进一步加深对你的信任，从而最终再回来与你成交。

所以，我们要养成良好的职业素质，我们既希望客户购买我们的产品，又要尊重客户的意愿，对客户的到来与离去都做到"笑脸相迎""用语礼貌得体"，这样的话，客户事后会认为"某某销售员还不错，我下次再有购买需求时，一定去他那儿买"。

总之，当客户说想去别家再看看时，只要你能有效判断出客户的顾虑，提出更好的解决方案，就一定可以让客户停下脚步。即使客户执意要去别家再看看，我们也要以礼相送。

棘手问题，说服要求同存异

有时客户提出了一些很棘手的问题，如果彼此都当仁不让，成交就要泡汤了。比如客户坚持要让我们把价格降到他要求的程度，或者坚持要我们送一些额外的礼包，这对我们来说，既超过了个人的权限，又违背了公司的政策。遇到这种情况，我们可以与客户先求同存异，在有大的共识前提下，再冷静处理这些棘手问题。

当面对这样的客户时，不论对方如何抱怨、指责，销售员都不应该和客户发生争执，更不能让这些棘手问题导致分歧升级，因为与客户争执不是解决异议的好办法，也不能从根本上说服客户。与客户争辩，失败的永远是销售员，因为你会因争辩而永久地失去一位客户。

所以，面对棘手问题，销售员尽可能不要和客户争辩，争辩容易使问题恶化。我们要与客户求同存异，冷静处理棘手问题。当然，客户并非永远是对的，我们也不能因害怕争执，就忍气吞声地放弃原则和正当利益。

一位客户想退掉一件刚买的特价衣服，而商场规定这种衣服是不能退货的。这时，销售员可以这样对客户说："我们商场有统一规定，特价商品是不能退货的。而且，在您之前试穿时，这件衣服也确实挺合适的。如果您仍想了解能不能换，我可以去请示一下经理，看他能不能特殊处理。"

当客户听到"特殊处理"这四个字时，对自己退货的要求就没有那么自信了，并且会对销售员产生一种好感。如果经理不同意退货，客户就会认为销售员已经尽了力，不会再为难销售员；如果经理同意退货，客户就会认为自己受到了特殊待遇，心中更会对销售员充满感激。

不管发生什么事情，销售员都不应和客户发生争执，因为争执一旦发生，无论你的产品多好，客户都不愿意从你这里购买。虽然在争执的过程中，销售员可以拿出各种各样的理由压服客户，在争执中取胜，但也彻底失去了成交的机会。

那么，面对客户提出的棘手问题，我们该怎样求同存异、冷静处理，避免发生争执呢？

1. 冷静分析客户异议

如果客户的观点和你的观点相抵触，销售员要判断这种异议产生的原因，并认真倾听客户的异议，从这些异议中获得更多的信息，然后再根据这些信息做出判断和应对策略。

有时客户提出的异议虽然刺耳，但并不是他们真正在意的地方。任何产品都不是十全十美的，客户对产品的挑剔也是情有可原的。如果客户提出的异议是真实的，客户明确表示对产品的某些功能不太满意，销售员就应有意强化产品的优点来淡化产品的缺点。如果客户对产品不满意的地方过多，销售员就应该向客户介绍一些其他型号的产品。

比如，临近成交时，客户提出汽车价格过高。我们在仔细解释后，客户仍表示无法接受。我们可以在不影响客户主要购买需求的情况下，双方建议客户选购配置稍低一些的车子，这样客户对价格的要求可以适当满足。

2. 与客户求同存异

对于棘手问题，首先我们要与客户都认识到彼此共同的观点。比如，我们已经与客户确认过的一些需求，以及我们的产品正好可以满足客户的这些需求，在这种大的意向相同的情况下，双方即使存在一些小的差异，也不会影响彼此的合作。我们在给客户解释的时候，在遣词造句上要特别注意，尽量回避一些过硬的词语。在对客户说话时，我们也要注意态度诚恳，对事不对人，切勿伤害客户的自尊心。

如果客户所说的话是错误的或不真实的，销售员也要尽量避免直接反驳客户，而反驳客户只能在特定条件下适度地进行。如果客户所说的话无关紧要，销售员可以一笑置之，不予理会；如果必须反驳客户，销售员要尽量采用间接反驳的方法，先肯定客户的部分观点，然后再反驳问题的本质，尽量照顾到客户的感受和自尊心。

3. 转移客户对棘手问题的注意力

客户有异议时，如果销售员拒绝倾听客户的异议，或者妄加揣测，自行处理，就会触发与客户起争执的动机，因此销售员要多听客户的意见，进一步判断客户的需求状况。同时，销售员要转移客户对一些异议的刻意关注，让客户的思虑回到成交主题上来。

如果客户有异议，则与其让这些异议潜伏在客户心里，还不如让客户一吐为快。让客户说出来，本身就是给客户一个发泄的机会。销售员不但可以了解客户的真实想法，还可以平息某些不愉快的情绪，这样双方再沟通起来就简单多了。

相反，如果客户还没有说多少话，销售员就赶紧表态，说出一大堆解决问题的办法，则这些办法可能与客户的意见相左。这不仅会因打断客户的讲话而引起客户不快，而且会向客户透露更多信息。当对方掌握了这些信息后，销售员就处于不利的位置——如果客户不愿意购买，他就能找出更多的拒绝理由；如果客户愿意购买，他就会拿这些信息做筹码，来降低成交价格。因此，在明白了客户的异议后，如果这些异议我们确实不便马上处理，则可以先缓一缓，谈论别的问题。

总之，面对一些棘手问题，我们要与客户求同存异，并对棘手问题冷静处理。

及时转移话题，化解争议，成交才有可能

在销售中，客户对产品提出各种各样的质疑是其正常反应。面对客户提出的种种质疑，销售员要表现出自信，同时需要端正态度，向对方传递值得信赖和自身具有良好信誉的信息。比如拿出能证明你产品各种优势的真凭实据，然后在这一基础上根据客户提出的不同意见来进行洽谈。

销售员不要仅听信客户的一面之词，因为客户提出的有些疑虑经常是其他问题的借口。比如客户说产品的质量不好，可实际上他们更关心的是产品的价格。销售员只有弄清客户真正担心的因素，才可能有效地解决客户质疑。

我们接下来介绍几个交流中转移话题的方法。

1. 借用媒介

寻找自己与客户之间的媒介物，以此找出共同语言，移走争议。如果见客户手里拿着一件东西，则我们可以问："这是什么呢？……看来您在这方面一定是个行家。正巧我有个问题想向您请教。"我

们通过媒介物创造话题，使刚才的争议先放一放，让交谈顺利进行。

2. 中心开花

如果你面对的客户比较多，那么要选择众人关心的事件为话题，把话题对准大家的兴奋点。这类话题是大家想谈、爱谈又会谈的，人人有话，自然能说个不停，从而移走刚才的争议，转移话题，引起许多人的议论和发言。

3. 即兴引入

巧妙地借用彼时、彼地、彼人的某些材料为题，借此引发交谈。有人善于借助对方的姓名、籍贯、年龄、服饰等即兴引出话题，常能收到好的效果。这种方法的优点是灵活自然，就地取材，其关键是要思维敏捷，能够做出由此及彼的联想。一般来说，对方不感兴趣的话题尽量不谈，要能激发对方的谈话热情。

比如，我们在向客户介绍某款汽车时，客户想要的某个配置这款汽车却没有，因此他无法下定决心购买。我们可以说："前几天有个客户和您年龄差不多，刚开始也是觉得没有这个配置是个遗憾，但后来想这个配置的有无对一辆车来说不是很重要，所以那位客户还是买了这款车。"客户听到以前有人与自己类似，最后选择购买了，一般也会重视销售人员的建议。

4. 投石问路

向河水中投块石子，探明水的深浅再前进，就能有把握地过河。面对阻碍销售的争议,我们可以先提一些"投石"式的问题,如"您平时有什么业余爱好呢"等,从而转移话题,避免争议,并逐渐把谈话过渡到成交上来。

采取这种方法,需要你做个有心人。你可以从客户的话中发现对方与自己的共同之处。比如,通过对方的说话口音,你可以询问对方的籍贯等,这样便有了一个共同的话题。

5. 循趣入题

依据客户的兴趣,循趣发问,从而顺利地转移话题。如果对方喜欢足球运动,我们便可以此为话题,谈最近的精彩赛事、某球星在场上的表现等,这些都可以引起对方的谈兴。这一方法类似"抽线头""插路标",重点在引,目的在于导出对方的话茬儿。

因此,我们在与客户沟通时,感觉有些话题可能会引发争议,导致沟通气氛可能趋于紧张时,我们不妨转换一下沟通话题,从而有利于沟通的继续。

第九章

巧妙应对投诉，给客户一个满意的答复

很多时候，客户会对购买的产品或服务不满，于是他们选择投诉的方式表达自己的态度。这样的客户，往往情绪激动，很难沟通。一个优秀的销售员，应该保持冷静，认真倾听客户的投诉，进而分析投诉产生的原因，再辅以相应的技巧和手段，给予客户一个满意的答复，以暂时安抚客户的情绪，为挽回客户做好铺垫。

了解投诉原因,给客户最合理的解释

对于投诉,相信销售员都不陌生,甚至曾产生深刻的印象。这种情况一旦出现,销售员往往要花费大量的时间和精力,去了解投诉产生的原因,并为投诉的客户找到相应的解决方案,尽最大的努力去挽回客户,以免对店铺产生长期的影响。

当接到客户的投诉时,销售员一定要以最快的速度与客户取得联系,以便了解投诉产生的原因。这种积极的姿态会让客户产生受到重视的感觉,即便他依然充满意见,但这种处理方式也比对客户置之不理或是"冷处理"好得多。

销售员:亲,您怎么这么晚还不睡觉?要注意休息哟!

客户:你不是也没睡吗?

销售员:现在是我的工作时间,当然不能睡觉了。

客户:我已经习惯熬夜了,早睡也睡不着。

销售员:看来咱们都是夜猫子啊,哈哈。

客户:你熬夜是为了工作,我熬夜只是为了消磨时间,还是有些不一样的。

销售员：确实有点不一样啊。说到工作，我刚刚不经意间注意到您投诉了我们店铺，不知道我们哪方面做得让您不满意？

客户：我上个星期在你们店里买了一瓶隐形眼镜的护理液，可是今天戴隐形眼镜的时候感觉眼睛很不舒服，我怀疑护理液有问题。

销售员：不应该啊，我们的护理液都是新近到货的，都在保质期之内。

客户：我之前也看了，确实在保质期内，但是我的眼睛就是很不舒服。

销售员：请问您的护理液是每天都更换吗？

客户：那倒不是，只有戴过隐形眼镜之后才换一回。

销售员：这次是几天前换的呢？

客户：四五天了吧，我也记不清了。

销售员：这样啊，我建议您隐形眼镜的护理液最好每天更换一次，毕竟隐形眼镜和眼球直接接触，清洁度一定要保持得很好才行。

客户：好的，谢谢提醒，我以后一定注意。

销售员：还有一点您也得注意，总是熬夜的话，眼睛会很疲惫，也会增加眼睛的不适感。特别是您长时间使用电脑的时候，您最好不要戴隐形眼镜。

客户：嗯，我知道了。谢谢关心啊！你对我的投诉还挺上心，这么快就跟我联系了。

销售员：让客户满意是我们最大的追求。如果再有什么问题，您可以直接跟我们客服联系，我们将竭诚为您服务。

客户：好的，我会的。

销售员：那就不打扰您了，早点休息吧！

虽然时间已经很晚了，销售员依然在第一时间与客户取得联系，在了解客户的投诉原因之后，对客户提出了正确使用护理液及注意用眼卫生的建议，客户对此十分满意。当客户按照销售员的建议去做并取得良好的效果时，他就会更加认可，甚至会变成忠实客户。

对销售员来说，客户的每一个投诉，都像是为自己敲响的警钟。在客户的不断鞭策和监督下，销售员才能不断发现产品和自身的不足，随着自身的不断完善，销售员最终会变成更加优秀的人。从某种角度上说，客户的投诉是促使销售员前进的动力，越早了解投诉的原因，销售员便能越早为客户提供相应的服务，也就越能得到客户的认可和信任。

善用提问,"问"出客户投诉的真正意图

有的时候,客户的投诉仅仅是一个笼统的概述,很难准确表达投诉的原因所在。当无法理解客户的意思或是对某些问题不甚清楚时,销售员可以通过提问来引导客户说出问题的关键所在,以便于精准定位,快速找到症结所在,为解决问题节约时间和精力。

1. 提出开放式的问题

所谓开放式的问题,就是可以让客户较为自由地表达观点、感受的问题。通过提出开放式的问题,销售员可以了解一些基本情况及客户的需求。

通常来说,在服务的起始阶段,销售员大多会使用这种方式提问,因为它有助于创造一个较为融洽的沟通氛围。但是,这种提问方式也有其弊端,那就是客户给出的答案往往也是开放式的,这不但增加了提供服务所需的时间,而且销售员无法收集到足够的有效信息。因此,销售员还需要掌握提出封闭式问题的方法。

2. 提出封闭式的问题

所谓封闭式的问题，就是答案相对固定甚至单一的问题，有的时候客户只需要回答"是"或"不是"即可。通过提出封闭式的问题，销售员可以帮助客户对自己的情况做出判断。

当然，提出封闭式问题需要一定的前提，那就是销售员需要具备丰富的专业知识，而且要尽量引导客户给出肯定的答案，这样一来，客户就会被销售员的专业知识和判断能力折服，从而产生信任感。

3. 综合运用开放式问题和封闭式问题

从上面的叙述中，我们不难看出，开放式问题和封闭式问题都有存在的意义和价值，而且各有其优点和弊端，如果可以将二者融合在一起加以运用，那么所起到的效果肯定会更好一些。通常情况下，销售员应该以开放式问题作为开端，之后便可以转入封闭式问题，这两种提问方式交替使用，可以迅速找到问题所在，进而有的放矢地展开相关工作。

想要成为一名优秀的销售员，不能只懂得倾听客户的诉求，也不能仅仅跟着客户的脚步去展开工作，而是要发挥自己的主观能动性，通过提问的方式去获得自己需要的信息。提问的目的，在于尽快找到产生投诉的症结所在，毕竟只有找到根源，才能采取相应的措施。可以说，准确而成功的提问，不仅是解决客户投诉的必要手段，而且是节约时间和精力的一条捷径。

微笑，缓解紧张氛围的催化剂

人的面部表情十分丰富，人们可以通过它们来表达自己的感情，如微笑代表高兴，皱眉代表不快等。面部表情的变化会在不知觉间表现出来，有的时候，人们即便想隐藏自己的感情，也会因为表情的"背叛"而面临失败。

所以说，销售员在与客户沟通的时候，一定要注意自己的面部表情。在众多的表情中，微笑可谓最好的沟通工具，尤其是在处理客户的投诉时，微笑更会给客户带来良好的情绪体验。

但是，销售员也要注意一点，微笑并不是简单的面部表情的堆积，而是发自内心的情感表达，只有那种可以体现个人精神面貌的真诚微笑，才能打动客户。

银行柜员：您好！请问您要办理什么业务？

客户：我想取点钱。

（客户说着便把银行卡递过去）

银行柜员：您想取多少？

客户：10万元。

银行柜员：请问您提前预约了吗？

客户：哦，这倒没有。

银行柜员：很抱歉，您没预约不能取。

客户：这是什么意思？我自己的钱还不能取了？

银行柜员：不是不能取，是需要提前预约。

客户：事发突然，我也不知道要用这么多钱，怎么提前预约？

银行柜员：反正我是没法给您取这么多。

客户：你这是什么态度？把你们经理叫来，我要投诉你！

（客户情绪十分激动，对着柜员嚷起来，经理急忙面带微笑地赶了过来）

经理：您好！我是经理。实在抱歉，给您带来麻烦。有什么事情您可以跟我说。

客户：我要取10万元钱，这个柜员说什么都不给我取，态度还很恶劣。

经理：您稍等一下，我先了解一下情况，柜员的态度不好，我代她向您道歉。

（说完，经理向柜员了解了具体情况，并让柜员向客户道歉）

客户：这种态度还差不多，为什么不能取你好好跟我说，至少给我个理由，我也好接受一点。

经理：这个柜员刚来不久，虽然能力足够，但是在接待客户方面还需要提高。

（经理的脸上依然带着微笑）

客户：这个我也能理解，我是遇上了急事，所以有些着急。

经理：您的情况我也能理解，但是也请您理解我们，我们的备用金是有限的，如果给您取得太多，我们恐怕周转不开。

（经理赔着笑脸向客户解释）

客户：这样啊，我明白了。但是我真的有急事，能不能通融一下？

经理：您的这种情况，我们还是体谅的，而且今天存款比较多，可以给您办理取款，您别着急，我立刻安排柜员给您取。

（经理的脸上始终带着微笑，这让客户备感温暖）

客户：谢谢你啊！真是太感谢了！

银行的规定是死板的，但是银行职员可以根据实际情况进行调整，而案例中的银行职员没有这样做，她不顾客户的利益，结果引来了投诉。面对暴跳如雷的客户，经理真诚地微笑和道歉，让客户备感舒心，焦躁的情绪在沟通中也逐渐平复下来。我们从中不难看出，微笑比冰冷的表情更容易被人接受，更容易走进客户的心。

微笑的力量令人惊叹，它所带来的感染力，会让客户的心情由阴转晴，由此而产生的积极力量，能让客户以更加平和的态度去看待自己的投诉，去理解销售员的难处，这样一来，客户的投诉自然会减少。

在正确的时间解释,才能真正让客户信服

在接到客户投诉的时候,销售员不仅需要保持良好的心态并在第一时间了解投诉产生的原因,还需要在为客户寻找解决方案时适当地向客户解释。销售员只有让客户知道自己的行动有何意义,销售员才能让客户放下心来,顺利地解决投诉。

有些人或许会说,当客户投诉的时候,最好的应对方式是安静地倾听。倾听自然没错,但是如果一味沉默,不做任何解释,反而会让客户觉得你是在消极对抗,并不是真心实意地要为他们解决问题。所以说,销售员在适当的时候向客户解释自己的所作所为,能让客户的心情变得平和起来,对于解决问题有着十分积极的意义。

客户:我们公司前段时间买的打印机出问题了,你们赶紧给维修一下吧!

客服甲:好的,您把打印机放在这里,然后填个维修单吧!

客户:好的,打印机放在这里了啊!

销售员甲:嗯,放在这里就可以了。

第九章 巧妙应对投诉，给客户一个满意的答复

（客户填好维修单，交给了客服甲）

客户：大概什么时候能修好？

客服甲：这个说不好，等维修完了就会给您打电话的，您回去等着就是了。

客户：可是我们有急用，能不能快一点？

客服甲：这个恐怕要拿回厂里维修，所以具体的时间我也说不好，您就回去踏实等着吧！

客户：还踏实等着？你知道这一台打印机停止工作，会给我们公司带来多大的损失吗？你到底有没有为我考虑？赶紧把你们经理找来。

（客服乙听闻，赶紧过来调解）

客服乙：实在对不起，先生，您先别生气。咱们都是为了解决问题，请您先跟我来。

（说着，客服乙将客户引领进一个房间）

客服乙：真是抱歉啊，我再次为之前的事情向您道歉。您也知道，这款打印机的技术比较先进，只有拿回厂里，请技术部门的同事仔细检验，才能确定故障原因。如果我们随便告诉您一个原因，那么很可能会出现更大的故障。等技术部门检查之后，我一定第一时间向您反馈情况。

客户：你这么说，我能理解。其实我也不是要求立刻修好，只是希望能有一个确切的时间，这样我才能安排自己的工作。

客服乙：您说的话我都明白，我们一定会以最快的速度进行维修的。等明天了解检查情况之后，我一定给您打个电话。

客户：好的，谢谢你啊！

客服乙：不客气！您慢走啊！

在这个案例中，客服甲和客服乙采取了不同的应对方式。客服甲刻板呆滞，只说做法不讲原因，这让客户误认为客服甲在敷衍了事，完全不顾自己的利益。客服乙则分析了维修的流程，让客户明白了无法给出具体维修时间的原因，并向客户做出承诺，客户心里有了底，也就不会那么焦躁了。

在客户投诉的时候，倾听固然重要，但是如果一味沉默，则无法表达自己的观点，也无法阐述自己究竟在做什么。在这种情况下，销售员和客户的沟通便没有了意义。如果能抓住恰当的时机进行适当的解释，销售员就会让客户产生更多的安全感和信任感，这对于销售员展开工作是大有裨益的。

处理投诉时必须注意的沟通行为

既然客户已经进行投诉,那么说明他们对某些方面感到不满。如果销售员不能提供令他们满意的解决方案,或是在沟通过程中触犯了某些禁忌,客户的不满就会不断升级,最终演变成难以挽回的局面。

所以说,销售员一定要注意避免专业性不足、表现怠慢、缺乏耐心、推卸责任、随意承诺等沟通禁忌,力争为双方创造一个良好的沟通氛围。

1. 专业性不足

对销售员来说,专业性是十分重要的基本素质。当客户投诉的时候,如果销售员无法表现自己的专业性,就可能会被客户认为是在故意糊弄,这很可能会使投诉升级。所以说,你想要成为一名优秀的销售员,就应该不断充实自己的专业知识。

2. 表现怠慢

顾客在上门投诉的时候,本就心情不佳,倘若销售员再表现得十分怠慢，客户很可能就会被激怒，彻底陷入绝望之中。对于投诉的客户，销售员应该表现出极大的热情，这会在一定程度上化解客户的怨气，对笼络客户的心有很大的帮助。

3. 推卸责任

很多销售员会习惯性地推卸责任，当客户投诉的时候，他们会竭力撇清关系，以为这样客户就不会将矛头指向自己。殊不知，一个没有责任感的人，注定无法赢得别人的信任。犯错并不可怕，可怕的是错了却不敢承认，销售员只要敢于担当，就有可能被客户理解。

4. 随意承诺

在接到客户投诉的时候，有些销售员会手足无措，为了赢得客户的认可和信任，他们便随意答应客户提出的要求，却没有考虑自己有没有能力去兑现承诺。一旦客户发现销售员的承诺变成了空头支票，他们的不满就会成倍地增加。

在处理投诉的过程中，销售员一定要注意自己的表现，在沟通中千万不可激起客户更多的不满和愤怒，不然的话，之前的投诉还没解决，更多的投诉就会接踵而至。上述的四种禁忌，需要销售员多加注意，在接待投诉的客户时，如果能够避开它们，就会令双方的沟通变得更加融洽，对最终解决问题是非常有用的。

第十章

当心祸从口出,销售话术也有"雷区"

沟通是一门艺术,良好的口才不仅有助于人际关系的维护,而且也有助于事业的发展。尤其是在销售工作中,我们在与客户沟通时,要知道什么话应该说,什么话不应该讲。客户都喜欢听好听的、舒服的话,如果销售员的话语令客户反感,成交基本就没戏了。

沟通要愉快，请记住8条忌语

"祸从口出"在销售过程中经常发生，无意之中的一句话往往会毁了一笔业务。销售员应该注意与顾客交谈时的一些忌语，以免引起顾客不满，从而失去进一步沟通的机会。在与客户进行沟通时，以下几个话题应该多加注意。

1. 禁谈隐私话题

不管你多么好奇，都不要主动询问客户的财产、婚姻等个人隐私问题，问这些问题是不礼貌的表现。即使客户勉强给了你一个答案，这个答案未必是真实的。关键问题是这个答案对销售来说根本就没有任何作用，你又何苦冒着被拒绝的危险去问这样一个毫无用处的问题呢？隐私问题是禁谈的话题，这是你必须时刻注意的。

2. 不谈不雅话题

俗话说"物以类聚，人以群分"，谁都希望自己能和有涵养、有层次的人在一起，而不希望和那些脏话连篇的人交往。所以，在销售的过程中，你一定要注意语言的文明，不要用一些不雅的词。另外，你要注意一些不雅的词在不同行业中有不同的定义，比如，寿险行业，你最好不要说："如果你死了，就可以……"这样的语言只会引起客户的反感。

3. 不谈敏感话题

销售成败的标准其实很简单，关键是看交易行为是否发生。一次交易行为的顺利完成，往往需要你费很多口舌，找大家都感兴趣的话题。但要注意的是，在商言商，与销售没有多大关系的话题最好别谈，特别是一些敏感话题。

当与客户谈论敏感话题时，可能会出现这样一种情况：在敏感话题上与客户发生了激烈争执。很多销售人员不能把做事和做人分开，此时销售人员要知道自己的目的就是实现产品的销售，是在做事。至于某些观点不一样，那和销售没有任何关系。

4. 禁说批评性话语

作为一名销售人员，你永远没有理由批评自己的客户。如果你见到客户的第一句话便说："你这件衣服真老土"，客户就会很反感。

没有人喜欢听别人的批评，特别是来自陌生人的批评。所有人都希望听到赞美自己的话，因为赞美是对自己的肯定。这种赞美往往能让人以更加积极的态度对待生活和工作。当然，说赞美的话也应该有度，过度赞美等于奉承，会给人以虚伪做作、缺乏真诚的感觉。赞美最好是发自内心的，要有事实依据。比如，硬说一个长得很难看的人长得十分漂亮，他肯定会认为你是在讽刺和挖苦他。

5. 少用或不用专业术语

销售员在接受培训时，要很好地掌握专业术语。但在面对客户时，最好禁用专业术语，因为专业术语往往会影响沟通的顺利进行。有些销售人员通过培训掌握了大量的专业术语，便认为自己学到了很多东西，这些东西必须向别人说明，于是面对客户时，便开口闭口都是术语，好像自己懂得很多，殊不知，这样做只会影响双方的沟通。你要知道掌握专业术语的目的是为了企业内部的沟通，而不是向客户传达术语。所以在销售时，你应当尽量用比较简单、通俗的话把产品的优点一一说明，而不要寄希望于通过专业术语来说服客户。对客户来说，如果听不懂你所介绍的东西，他往往是不会购买的。

6. 不质疑客户

你必须明白一点，客户不需要你来教他怎么做，也很反感你怀疑他没有用心听你的解释。有些销售员张口就是："你懂了吗？""你明白我的意思了吗？""这么简单的问题，你应该能够理解吧？"这些话都会让客户非常反感。销售员千万不要怀疑客户的理解力，要把客户当成天才，而不能把他们当成傻瓜。不要因为这样的质疑而让客户感受不到最起码的尊重，这是销售的大忌。喜欢质疑客户的销售人员往往很难取得成功，相反，那些抱着谦虚的态度向客户求教的人往往能大获成功。

其实，如果你实在担心客户不明白自己的讲解，则你完全可以用试探的口吻来打探对方的理解程度。"有没有什么地方需要我再说明一下的？"这样的问话往往更容易被客户接受。实际上，如果客户真的有购买意向，他就会主动向你咨询不明白的地方，你只需要解答他们的疑问就可以了，千万不能自作聪明地向客户发出质疑，更不要一厢情愿地代替客户思考。

7. 不说夸大不实之词

不要夸大产品的功能。客户在日后使用产品时，终究会清楚你所说的话是真是假。你不能为了达到一时的销售业绩，就夸大产品的功能和价值；否则会埋下一颗"定时炸弹"，一旦纠纷产生，后果将不堪设想。

任何一个产品，都存在着好的一面以及不足的一面，销售员理应站在客观的角度，清晰地向客户分析产品的优与势，帮助客户"货比三家"。销售员只有知己知彼，熟知市场状况，才能让客户心服口服地接受你的产品。销售员要注意，任何的欺骗和夸大其词的谎言都是销售的天敌，它会使你的事业无法长久。

不揭短，给足客户面子赢单子

在说话的时候，要注意给人留面子，不要揭他人的短处，免得他由多心而伤心，继而对出言无忌的人失去好感。

人际关系大师卡耐基曾讲述过这样一次经历。

"二战"刚结束时，我担任罗斯福先生的私人经纪人。有一天晚上，我参加了一次为推崇他而举行的宴会。宴席中，坐在我右边的先生讲了一个幽默故事，并引用了一个成语，意思是"谋事在人，成事在天"。

那位健谈的先生提到，他所引征的这句话出自《圣经》。他错了，我很肯定地知道出处，一点疑问也没有。为了表现自我，我多事地纠正了他。他立即反唇相讥道："什么，出自莎士比亚？不可能，绝对不可能，那句话出自《圣经》。"

此时，我的老朋友法兰克在我的左边。他研读莎翁的作品已经多年了。于是我们都同意向他请教。法兰克听了问题后，突然在桌子下踢了我一下，然后对我说："戴尔，你错了，这位先生是对的，这句话出自《圣经》。"

那晚在回家的路上，我气哼哼地对法兰克说："法兰克，你明明知道那句话是出自莎士比亚的！"

"是的，当然，"他回答道，"《哈姆雷特》第五幕第二场。可是亲爱的戴尔，我们是宴会上的客人，为什么要证明他错了呢？那样会使他喜欢你吗？为什么不给他点面子呢？他并没有征询你的意见嘛！你应该避免揭人家的短。"

在回去的路上，法兰克告诉卡耐基，为一个成语破坏宴会气氛，得不偿失。他又说："在矮子面前说短话，也许能让你获得优越感，但是永远得不到他人的好感。"

每个人都有自己的尊严，"人活一张脸，树活一张皮"，对任何人来说，被击中痛处都会引起不快。因此，销售员在销售过程中，千万不要揭客户的短，特别是当众揭短。

艾米是一家汽车销售公司的销售员，她是一位性格火暴的姑娘，说话总是不经过大脑，想到什么就说什么。

有一天，销售展厅来了一位很年轻的顾客，那位顾客在厅里转了半天，最后停在一辆雪佛兰的前面，围着车子转了一圈，又低头看了看，最后不好意思地挠着头问艾米："请问，这个部件，是油门还是离合器呀？"

很明显，这是一个汽车新手，应该还没学会开车，对车不是很懂，问这种问题也是情有可原的。但他上前咨询销售员，肯定是对这辆车很感兴趣，产生了购买欲，所以才虚心请教。如果艾米能够抓住这个潜在商机，为这位顾客提供优质的服务，就能打动他。即使对方只是留下联系方式，要等考上驾照了才会来购买，也算是销售成功了。一旦将来他打算购车了，这家销售点必然是他的首选。

但是，艾米完全没有想那么远，本来就不耐烦的她不屑地看了顾客一眼，皮笑肉不笑地反问："你对车一窍不通，来这里干吗？"

这个顾客也是一个年轻人，自然年轻气盛，一听这话马上就火了，大声叫道："你难道一生下来就懂车？"说完，他就往经理室走去，投诉了一通。最后，可想而知，艾米因为不给客户面子被公司解雇了。

我们通过上面的例子可知，用充满质疑、毫无礼貌的语气去揭客户的短，或者对客户的理解力表现出不耐烦，就是自掘坟墓。

有些销售员在销售的过程中，总是耐不住性子，在做介绍时，总会忍不住插上一句："你懂了吗？""你明白我的意思吗？"甚至不耐烦地说："这么简单的事，你怎么就不理解呢？"这种话，这种腔调，客户听了怎么可能高兴呢？在自己的所属领域，销售员比客户专业，那是理所当然的事，没必要为此沾沾自喜，更不应该瞧不起客户而说些嘲讽的话，让客户下不来台，否则结局只会是你因此而下台。

给客户留足面子，也就是给你自己留下台阶。因此，当你在向客户解释一些专业性问题时，如果客户的脸上有疑惑，你就应该用试探性的口吻礼貌地问："先生，还有哪里需要我详细说明的吗？"这样，客户就会觉得你很尊重他，给他留了面子，从而就不会对你产生反感，不理解的时候，也会主动询问你。这样，你才能有成功的机会。

诋毁竞争对手，就等于抽自己的脸

汤姆·霍普金是美国著名的销售高手，是房地产行业里吉尼斯纪录的保持者，也是全世界在一年内销量最高的房地产销售员，平均每天都能卖出去一栋房子。仅仅用了三年时间，他就赚了近3000万美金；不到27岁，他就成了闻名世界的千万富翁。别人问他是怎样成功、怎样打败竞争对手的，他只简单地说了一句话："不要刻意去贬低你的对手，连念头都不要有，因为这是蠢人做的事。"

的确，一个销售员，无论销售何种商品，都会遇到强劲的竞争对手。可是如果为了打败对手、拿到订单，就无所不用其极地攻击、贬低竞争对手，甚至进行人身攻击，这是一种最无能的反击方式。

盖瑞打算在小镇西边盖一栋三层小楼房，这样，以后全家就都可以搬进去一起住了。当房子快要落成时，一天，一位专业安装铝合金窗户的销售员敲响了他家的大门。盖瑞一开门，那人就马上递过来一张名片，说明来意。

实际上，这名销售员，盖瑞早有耳闻，他经营的小商铺就在镇的西边。据说他经验丰富，活干得非常好，不但安装熟练，还很注重细节，外表也做得比别家的美观，只是他的收费颇高。盖瑞心想：这次他自己送上门来，正好可以趁机砍砍价。

这个销售员并没有去注意盖瑞脸上的神情变化，只顾在那儿一个劲地介绍自己的产品，并不时地夸赞自己几句。

等他全说完了，盖瑞才假装很矛盾地说："虽然我们素不相识，但通过刚才你的一番话可以看出，在门窗安装方面，你是行家。如果我把这活儿交给你，你肯定会做得让我非常满意的。不过，在这之前，我的新邻居已经先于你向我开口了，他以前是一个工厂钳工，现在退休了，正好没活干……"

盖瑞的话还没有说完，销售员就急着打断了他，嘲讽道："您说的就是那个天天在外转悠的退休工老吉姆吧？您怎么能让他来帮您呢！的确，他最近给几户人家装了几扇窗户，可是就凭他那半吊子水平，连先进的设备都没有，哪能跟我们专业的相提并论呢？"

盖瑞一听这话，心里立刻感到不舒服，他马上改变了主意，很肯定地对这个不厚道的销售员说："你说得很对，老吉姆是纯手工操作，效率确实比不上你们。可他现在退休了，也没有什么积蓄，只能慢慢完善设备，不过我并不在意。何况还有邻里间的那份交情在，这活我就交给他了！你可以走了！"

例子中的销售员之所以最后没有销售成功，就是因为他贬低了竞争对手，使客户对其产生了反感。因此，销售员一定要明白，为了自己的利益，一逮到机会就不负责任地抨击对手，这样做，不但会把自己置身于人品差的行列中，还会影响自己在客户心目中的形象，反而为对手做了免费的广告宣传，得不偿失。

因此，当客户要求你对竞争对手做评价时，你可以选择含而不露，然后把关注点引向自己，塑造自身产品的价值，特别是产品的优势，并且让客户相信这些优势正是他的需求。同时，你还要善待同行，不贬低同行，这其实是在提高你自己和公司的形象和魅力。

有一次，国际大师级销售领袖弗兰克·贝特格去新泽西州的一家肥料公司拜访财务主管康纳德·琼斯先生。他们之间还十分陌生，弗兰克·贝特格对他的了解也很少，只知道他曾买过一些保险，而琼斯先生对弗兰克·贝特格和他的公司更是一无所知。

那天，弗兰克·贝特格来到康纳德·琼斯先生的办公室。

弗兰克·贝特格说："琼斯先生，抱歉打扰您了，我能知道您都在哪些保险公司投了保险吗？"

琼斯先生答道："当然可以。我选择的公司一般都是大公司，比如，纽约人寿保险公司、大都会保险公司。"

弗兰克·贝特格："是的，的确是这样，您选择的都是些最好的保险公司。"

琼斯先生："怎么，你也这么认为？"琼斯先生的脸上浮现出了得意的表情。

弗兰克·贝特格："当然，您的选择真是特别好。"琼斯先生听到弗兰克·贝特格这样说，更是掩饰不住他的骄傲。弗兰克·贝特格抓住他的这一心理特点，展开了攻势。

弗兰克·贝特格："您投保的这个大都会保险公司，可是世界上最大的保险公司之一，而且经营状况也非常不错，以后前景肯定更好。"后来，弗兰克·贝特格接着说了一些琼斯先生投保的其他几家公司的条件和他们的经营情况，甚至还告诉他，这附近有很多人都买了这家公司的保险。琼斯先生听得十分认真，而且脸上浮现出自豪的表情。

琼斯先生听完之后觉得很惊讶，他不知道弗兰克·贝特格对竞争对手竟然能够如此了解，而且在谈话过程中，一直都在夸奖这些公司，于是琼斯先生对弗兰克·贝特格产生了好感。

而后，弗兰克·贝特格开始讲自己保险公司的投保条件，在已经对其他公司有所了解之后，再谈及这方面，琼斯先生一下子就有了对比，并且没有排斥心理。

在弗兰克·贝格特的努力下，在以后的几个月里，琼斯先生和其他4名高级职员在弗兰克·贝特格这里购买了大笔保险。

可见，真正的竞争并不是恶意诋毁，很多时候，赞美的力量要比诋毁的力量更强。在客户面前，如果能够真心地赞美竞争对手，就能让客户感受到你的豁达，从而对你逐步产生信任。在赞美对手的同时，你的人格魅力无形中打动了客户，让你向成交迈进了一大步。

总之，如果你是一名聪明的销售员，就绝对不要贬低竞争对手。这不仅仅是一名销售员心胸和人品的问题，更是职业道德问题。一个没有职业道德的人，很难在这个行业中立足。

生意不成就做朋友,切忌嘴不饶人

销售是一种以结果论英雄的游戏,销售就是要成交。没有成交,再好的销售过程也只能是风花雪月。在销售员的心中,除了成交,别无目标。但是顾客总是那么"不够朋友",经常"卖关子"。

王鹏是一名业务员,这天,他去客户那里谈一笔生意。当他敲开总经理办公室的门之后,他发现总经理正在那里看一些文件,于是他表明自己的身份并说明来意,希望能够与总经理详细谈一下。

那位总经理并没有给他这个机会,而是对他说:"我现在很忙,你先和我的助理谈吧。"王鹏一听,心想:那怎么能行呢,一个助理又做不了主,我谈得再好也没有用。他明白了总经理说"忙"只是他推托的借口。

于是,他说:"现在是中午休息的时间,没有什么事情做,您就先听我说一说吧,也不会占用您多少时间的。"

那位总经理一听,生气地说道:"你怎么知道我现在没有事情做,难道你没有看到我正在看文件吗?耽误了我的事情你负得起责吗？赶快出去，别在这儿浪费我的时间。"

王鹏还想再说些什么，总经理直接就叫秘书把他"请"出去了。

相信很多销售员在去拜访客户时，都有过这样的经历：当你滔滔不绝、口干舌燥地向客户介绍产品时，客户往往会以各种各样的借口，就像上例中的总经理那样以"忙""今天没时间"等为由来推托。于是，很多人都选择了放弃，继续寻找下一个目标，或者直接对客户的推托进行反驳。

其实，有的时候客户的推托并不是绝对不想购买，作为销售人员，若你在这个时候放弃，则之前的所有努力就等于白费了，你的反驳也一定会让客户难堪，最终导致销售失败。因此，要想实现成交，销售员必须解开顾客的"心中结"才好。

艾洛克是一名优秀的保险销售员，他也遇到过无数次拒绝，那他又是怎样扭转乾坤的呢？

有一次，他向一位地毯公司的老板销售寿险。可是，那位老板一听"保险"两个字，就态度强硬地对艾洛克说："不管你怎么花言巧语，我都不会买的。"

艾洛克虚心请教道："那您能否告诉我，是什么原因让您如此肯定的吗？"

"唉，最近经济不景气，我们公司也跟着遭了殃，遇到了财政危机，而保险每年要'抢走'我们8000美元左右，我可不想做傻事。除非公司财政一切恢复正常，否则我不会在保险上多花一分钱。"

地毯公司老板的这番话使谈话陷入了僵局,在别人看来,这场交易已然"山重水复疑无路"了,但是艾洛克并没有打退堂鼓,也没有规劝老板,只是追问道:"除了财政危机,还有其他特殊原因吗?也就是说,我想知道,是什么让您如此坚决?"

老板犹豫了一下,然后坦诚道:"你看得很准,我确实还有别的顾虑。"

"是什么顾虑让您如此谨慎呢?"

"是这样的,我有两个儿子,他们都大学毕业了,现在都在我自己的公司里努力工作。我不能那么自私,把公司赚来的所有利润都花在保险上,我总要为两个儿子着想一下吧?"

原来这才是真正的原因和顾虑,艾洛克知道了这个关键点,认为一切问题就都好解决了。

艾洛克笑着对老板说:"让我亲自为您设计一个方案吧,我保证您的财产不会流失一丝一毫。而且我的方案会全面地顾及您的儿子们,让他们因您而享有更好的保障。这不正是您最关心的事吗?"

艾洛克的保险方案不但解决了客户的难题,还解决了客户家人的难题,那么,你认为客户还能有什么理由拒绝这个好处多多的人寿保险呢?

艾洛克说:"只要你能让客户不断地说话,就等于他在帮你找出关键点。"艾洛克之所以成功,就是因为当他被客户拒绝时,并没有急赤白脸,而是有条不紊地刨根问底,仔细聆听,把拒绝当成一根牵引线,有效地找到客户潜藏的需求和顾虑,从而对症下药,有针对性地帮客户解决难题。

总之,销售员要明白,客户拒绝你,其实是一件非常正常的事情,为此,不要耿耿于怀,不要黯然神伤,更不要急赤白脸。作为一名优秀的销售员,当你遭到客户的拒绝时,你必须做到临危不乱,不动声色,用几句妙语化尴尬为开怀,这样才能有机会达成交易。